Mizukiのカンタン手作り

3時のおやつ

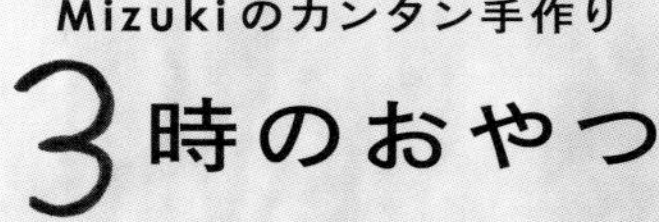

Mizuki

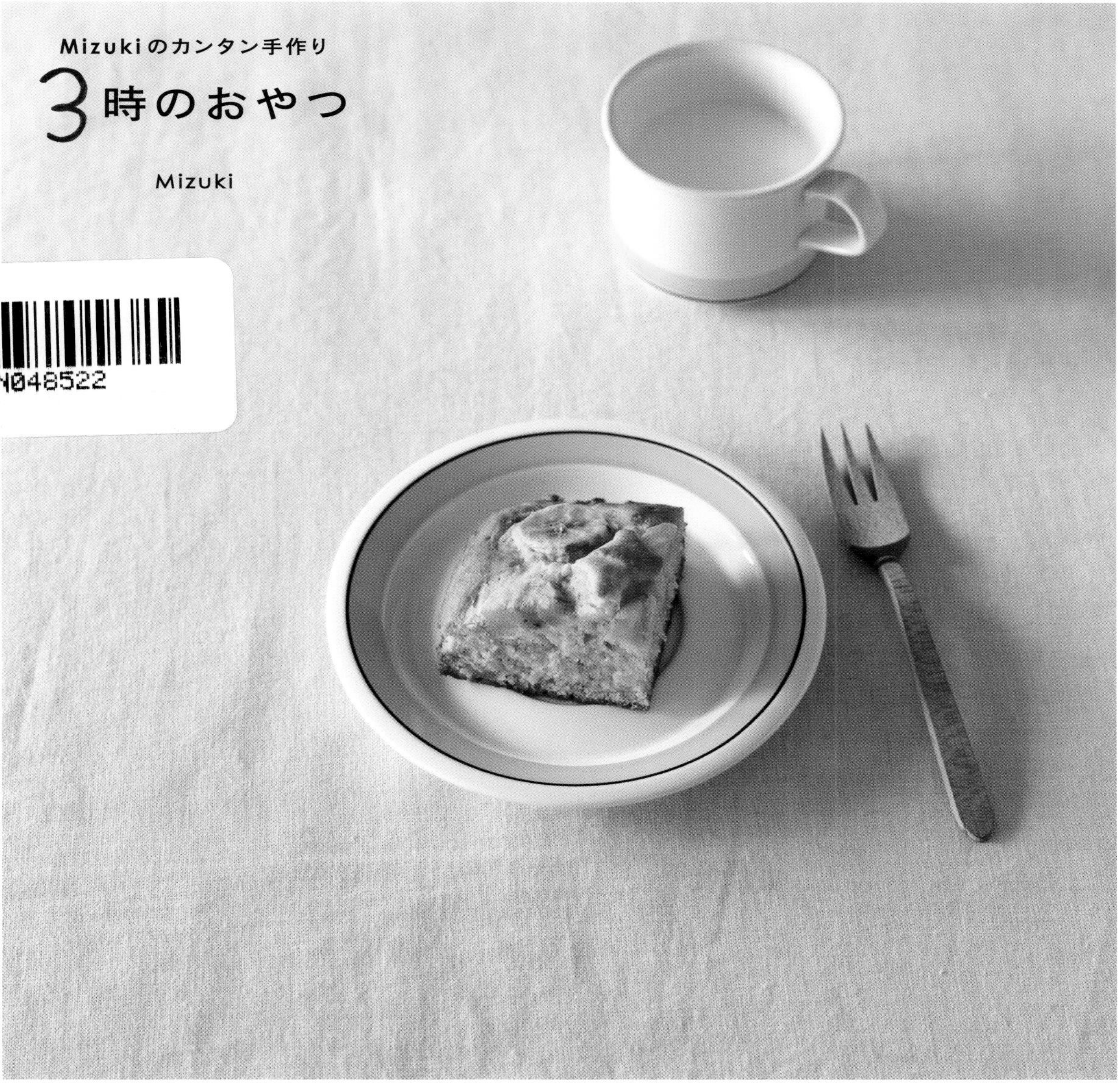

はじめに

子どものころからお菓子作りが大好きでした。
料理上手な祖母と一緒に作ったおはぎ、おだんご、寒天。
料理が苦手な母と楽しんだホットケーキ、いちご大福、ドーナッツ。
はじめて一人で作ったチーズケーキ。
それぞれに思い出があり、そのどれもが幸せな記憶です。

お菓子作りは、自分の手の中で素敵なものが生まれる感覚を味わうことができます。
はじめはただの粉であったり、液体であったりしますが、それを組み合わせていくと、どんな形にもなってくれるのです。自分で作る楽しさも、誰かに贈る喜びも、私はすべてお菓子から学びました。

お菓子作りは毎日の食事と違って、必ずしなければいけないというものではありません。
ある程度時間も道具も必要で、はじめはわからないこともあると思います。
でもあの香りに包まれた時、必ず幸せな気持ちになるのです。
そしてまた作りたくなる。お菓子作りがどんどん楽しくなってきます。

この本では、なるべく身近な材料で、なるべく特別な調理器具も使わずに作れるおやつをご紹介します。加熱するものはオーブンを使わず、フライパンやトースターでできるレシピを考えました。
どれもやさしく、そして懐かしく、ほっとするような味わいのものばかりです。
普段のおやつに、お試しいただけたらうれしいです。

Mizuki

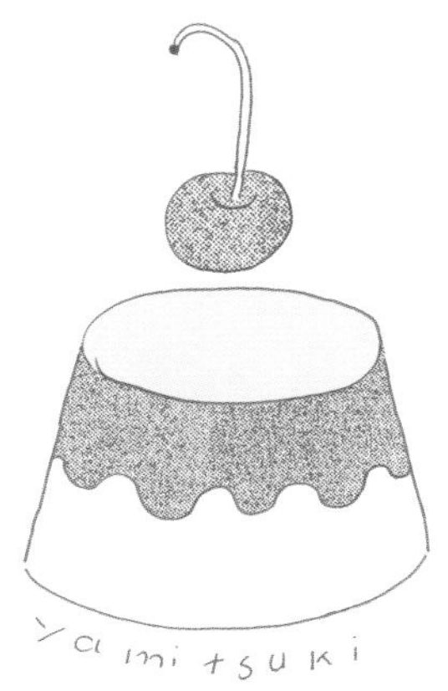

CHAPTER 1

CHAPTER 2

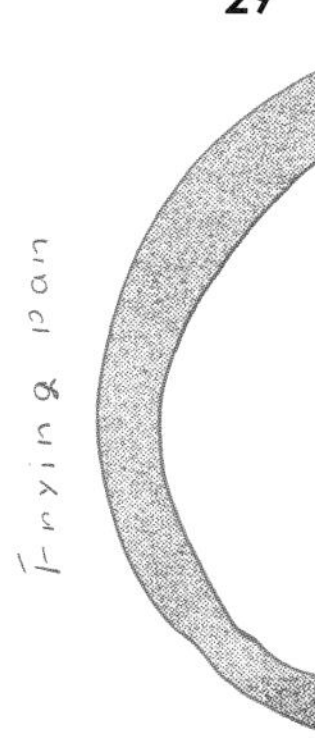

CHAPTER 3

CHAPTER 4

混ぜて固めてひんやりおやつ 55

CHAPTER 5

ちょっぴりレトロな和のおやつ 73

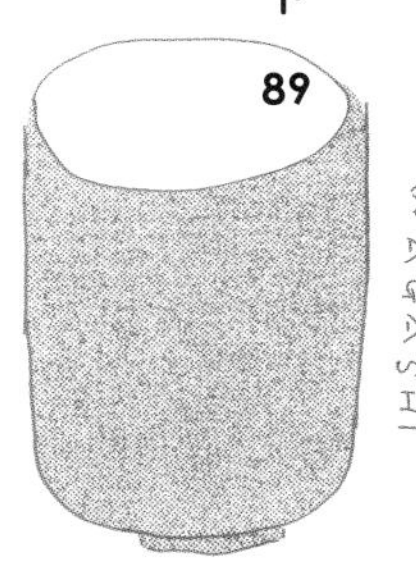

この本を読まれる方へ

・本書で使用している計量スプーンは大さじ15㎖、小さじ5㎖です。
・火加減は、特に記載のない場合は中火を基本としています。
・電子レンジの加熱時間は、出力600Wの電子レンジを使用した場合の目安です。500Wの場合は1.2倍、700Wなら0.9倍の加熱時間を目安にしてください。
・オーブントースターの加熱時間は機種によって異なる場合があります。レシピに書かれた時間を目安に、様子を見ながら加減してください。本書では1000Wのオーブントースターを使用しています。温度設定のあるオーブントースターを使用する場合は230℃を目安にしてください。
・砂糖は特に記載のない場合は上白糖を使用しています。
・バターは特に記載のない場合は有塩タイプを使用しています。

＊本書は『3分クッキング』2019年4月号から掲載中のMizukiさんの連載を再編集し、一冊にまとめたものです。

やみつき定番おやつ

誰からも愛されるおやつ界のスターたち。
くり返し作って手軽さとおいしさに
磨きをかけてきた、イチ押しレシピをお届けします。

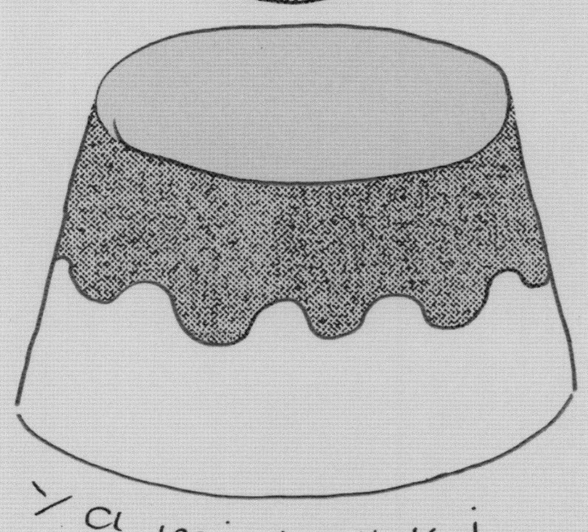

懐かしプリン

ちょっと固めに仕上げた
しっかりと卵の風味を感じる
懐かしい味わいのする
大好きなプリンです。
生クリームとチェリーをのせて
ドレスアップしました。
思わず笑顔になる
幸せおやつです。

材料（容量140mℓ・直径7㎝の耐熱カップ4個分）

プリン液
- 卵 … 2個
- 砂糖 … 大さじ3
- 牛乳 … 250mℓ

カラメルソース
- 砂糖 … 50g
- 水 … 大さじ1
- 熱湯 … 小さじ1

生クリーム … 100mℓ
砂糖 … 大さじ1
チェリー（缶詰）… 4粒

1 カラメルソースを作る

フライパンに砂糖と水を入れ、混ぜずに火にかける。沸騰して茶色く色づき始めたらフライパンをまわし、全体が均一に色づくようにする。好みの色になる手前で火を止め、すぐに熱湯を加える。フライパンをまわして均一にし、耐熱カップに等分に流し入れる。

2 プリン液を作り、カップに流し入れる

ボウルに卵を溶き、砂糖を加えて泡立て器で混ぜる。牛乳を鍋で沸騰直前まで温め、卵液に少しずつ加え、泡立てないように気をつけながらそのつど混ぜる。茶こしでこしながら❶のカップに等分に流し入れ、泡があれば除く。

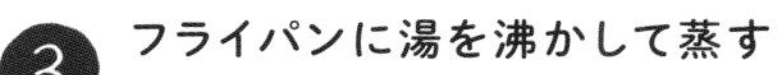

3 フライパンに湯を沸かして蒸す

フライパンにカップが半分つかる程度の湯を沸かす。いったん火を止めて厚手のペーパータオルなどを敷き、❷を並べ入れる。ふきんを巻いたふたをし、弱火で15分蒸して火を止め、そのまま10分蒸らす。とり出して粗熱をとり、冷蔵庫でしっかり冷やす。

4 カップからとり出して飾りつけ

生クリームに砂糖を加えて八分立てにする。プリンはカップの内側に沿ってスプーンで押してはずし、器にあける。生クリームをスプーンですくってのせ、チェリーを飾る。

アレンジ

大きなプリン

好きなだけすくって食べたい!

材料（15×15×高さ5.5㎝の耐熱容器１個分）

プリン液
- 卵 … ２個
- 砂糖 … 大さじ３
- 牛乳 … 250mℓ

カラメルソース
- 砂糖 … 50g
- 水 … 大さじ１
- 熱湯 … 小さじ１

生クリーム … 100mℓ
砂糖 … 大さじ１
好みのフルーツ … 適量

1. 右記の作り方❶、❷の要領で、カラメルソースを作って耐熱容器に流し入れ、プリン液を作ってその上に流し入れる。
2. 作り方❸の要領で20分蒸し、火を止めてそのまま20分蒸らす。
3. 粗熱がとれたら冷蔵庫で冷やす。作り方❹の要領で生クリームを泡立て、カットしたフルーツを飾りつける。

ふわふわ ホットケーキ

誰からも愛される
おやつの王道、ホットケーキ。
ホットケーキミックスに
ヨーグルトを加えると
さらにふわふわで
ちょっともちっとした食感に！
ぜひトライしていただきたい
おすすめレシピです。

材料（4枚分）
生地
- 卵 … 1個
- 牛乳 … 大さじ3
- プレーンヨーグルト … 100g
- ホットケーキミックス … 150g

バター … 適量
メープルシロップ、またははちみつ … 適量
サラダ油 … 適量

アレンジ

マリトッツォ風ホットケーキ

話題のイタリア菓子風に

材料（４個分）

生地
- 卵 … １個
- 牛乳 … 大さじ３
- プレーンヨーグルト … 100g
- ホットケーキミックス … 150g

生クリーム … 200mℓ
砂糖 … 大さじ１
いちご … 適量
サラダ油 … 適量

1. 右記の作り方❶、❷の要領で生地の材料を混ぜる。
2. 作り方❸、❹の要領で❶を1/8量ずつ流し入れ、焼き色がついたら上下を返し、１分ほど焼く。残りも同様にして８枚焼き、冷ます。
3. 生クリームに砂糖を加えて八分立てにする。いちごはヘタを除き、縦薄切りにする。❷を２枚１組にし、生クリームを1/4量ずつはさみ、いちごを飾る。

1 卵、牛乳、ヨーグルトを混ぜる

ボウルに卵、牛乳、ヨーグルトを入れ、泡立て器でよく混ぜる。

2 ホットケーキミックスも加えて混ぜる

ホットケーキミックスも加え、粉っぽさがなくなるまで混ぜる。

3 生地をフライパンに流し入れて弱火で焼く

フライパンに薄くサラダ油をひいて火にかけ、温まったら生地の1/4量を流し入れ、弱火で焼く。

4 上下を返し、ふたをして蒸し焼きに

表面がふつふつとしてきたら上下を返し、ふたをして１分30秒焼く。残りも同様に焼く。器に２枚ずつ盛り、バターをのせてメープルシロップをかける。

オールド ファッション ドーナッツ

ドーナッツを揚げる
甘い香りが台所に広がると
早く食べたい気持ちも高まって
なんとも幸せな気分に。
揚げたてのサクサクを
楽しめるのは手作りならではⅠ
チョコレートなど
トッピングも楽しんで。

材料（直径７㎝６個分）

生地
- 卵 … １個
- サラダ油 … 大さじ１
- ホットケーキミックス … 150g
- 片栗粉 … 小さじ１

板チョコレート … 適量
揚げ油 … 適量

アレンジ

紅茶ドーナッツ

オレンジ風味のグレーズをかけて

材料（直径７㎝６個分）

生地
- 卵 … １個
- サラダ油 … 大さじ１
- ホットケーキミックス … 150g
- 片栗粉 … 小さじ１
- 紅茶葉（ティーバッグ）… ２袋（４g）

粉糖 … 70g
オレンジジュース … 大さじ１
揚げ油 … 適量

1. 右記の作り方❶の要領で、生地の材料を混ぜる。紅茶葉はホットケーキミックス、片栗粉と一緒に加えて混ぜる。
2. 作り方❷、❸の要領でドーナッツ型で抜いてぐるりと切り目を入れ、作り方❹の要領で揚げて油をきる。
3. 粉糖とオレンジジュースを混ぜ、❷の粗熱がとれたら片面をつける。その面を上にしておき、固まるまでおく。

1 生地の材料を混ぜ合わせる

ボウルに卵とサラダ油を入れて泡立て器でよく混ぜる。ホットケーキミックスと片栗粉を加え、ゴムベラでさっくりと混ぜ、最後は手でひとまとめにする。

片栗粉を加えて
サクサク感を
アップ

2 のばした生地をドーナッツ型で抜く

生地を８㎜厚さにのばしてドーナッツ型で抜く。まず４個抜いたら残った生地をまとめなおし（中心の丸い生地はとりおく）、再び８㎜厚さにのばしてあと２個抜く。

＊ドーナッツ型は100円ショップでも購入可。または直径６㎝のコップとペットボトルのふたなどで代用しても。

3 生地の上面にぐるりと切り目を入れる

型抜きした生地の幅の中央に、包丁の先でぐるりと１周浅い切り目を入れる。

この切れ目で
ざっくりとした
割れ目が！

4 160℃の油でこんがりと揚げる

フライパンに1.5㎝深さの揚げ油を160℃に熱し、❸を切り目を入れた面を上にして入れ、中心の丸い生地も入れる。途中上下を返し、こんがりときつね色になるまで５分ほど揚げて油をきる。チョコレートを湯煎にかけて溶かし、粗熱のとれたドーナッツにかける。

濃厚チョコレートケーキ

材料を合わせたら、あとは電子レンジにおまかせ！憧れのチョコレートケーキがとっても簡単に作れます。板チョコとココアパウダーのダブル使いで濃厚な味わいに。チョコレートと相性のよいあんずジャムをサンドしました。

材料
（16×16×高さ８㎝の耐熱容器１個分）

生地
- 板チョコレート（ブラック）… 50g
- バター（食塩不使用）… 60g
- 卵 … ２個
- 砂糖 … 大さじ２
- ホットケーキミックス … 50g
- ココアパウダー … 20g

あんずジャム … 適量
ホイップクリーム … 適量

下準備
- ココアパウダーはふるう。
- オーブンペーパーを容器の幅に合わせて切り、容器に敷く。

＊容器は電子レンジ使用可の耐熱保存容器や耐熱ガラス製の容器などを使用。正方形タイプでも、長方形タイプでもよく、高さが６㎝以上のものを。

アレンジ

カップチョコレートケーキ

くるみをアクセントにして

材料（容量170mℓ・
直径8.5×高さ５cmのココット型４個分）

生地
- 板チョコレート（ブラック）… 50g
- バター（食塩不使用）… 60g
- 卵 … ２個
- 砂糖 … 大さじ２
- ホットケーキミックス … 50g
- ココアパウダー … 20g

くるみ（ロースト）… 20g
粉糖 … 適量
サラダ油 … 適量

❶ 右記の作り方❶の要領で生地を作る。

❷ 型に薄くサラダ油をぬり、型の四分目まで生地を入れて少し上からトントンと落として空気を抜く。ラップをしないで、１個ずつ電子レンジに50秒かける。表面が生っぽければ10秒ずつ追加してかける。残りも同様にする。

❸ くるみを割ってのせ、粉糖をふる。

❶ チョコレートとバターを溶かして生地の残りの材料と混ぜる

チョコレートとバターを細かく刻んで耐熱ボウルに入れ、ラップをしないで電子レンジに１分30秒かけ、泡立て器で混ぜて溶かす。卵、砂糖を加えて手早く混ぜ、ホットケーキミックス、ココアパウダーも加えて混ぜる。

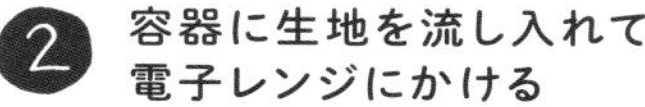

❷ 容器に生地を流し入れて電子レンジにかける

耐熱容器に流し入れ、少し上からトントンと落として空気を抜き、ふんわりとラップをして電子レンジに３分かける。

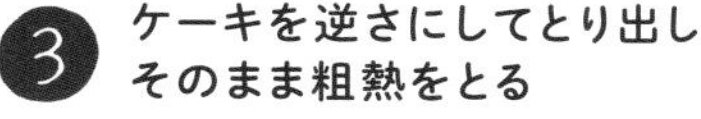

❸ ケーキを逆さにしてとり出しそのまま粗熱をとる

表面に生っぽいところがなければ、上下を返して皿の上にとり出し、粗熱をとる。生っぽいところがあれば、様子を見ながら10秒ずつ追加して電子レンジにかける。

乾かないように
ペーパーは
はがさないで
粗熱をとる

❹ 半分に切ってジャムをサンドする

オーブンペーパーを除き、ケーキの厚みを半分に切って１枚の切り口にあんずジャムをぬり、元どおりに重ねる。食べやすい大きさに切って器に盛り、ホイップクリームを添え、好みでセルフィーユなどのハーブを飾る。

バナナパウンドケーキ

ほんのり甘くて
しっとりした焼き上がりの
バナナパウンドケーキが
オーブントースターで
手軽に作れます。
ちょっぴり黒くなりかけの
熟したバナナがあるときにも
おすすめです！

材料
（20×14.5×高さ4.5㎝の
耐熱のバット１台分）
バナナ … ２本（280g）
レモン汁 … 少々
生地
- 卵 … １個
- 砂糖 … 大さじ３
- 牛乳 … 大さじ１
- ホットケーキミックス … 150g
- バター … 50g

下準備
- バターは耐熱容器に入れ、ラップをしないで電子レンジに30〜40秒かけて溶かす。
- バットの高さからはみ出さないように、オーブンペーパーを敷き込む。

＊オーブンペーパーはオーブントースター使用可のものを使い、表示の使用上の注意を確認してください。

アレンジ

バナナカップケーキ

チョコレートとくるみをアクセントに

材料（8×5×高さ3.5㎝のアルミの型4個分）
バナナ … 1本（140g）
生地
- 卵 … 1個
- 砂糖 … 30g
- 牛乳 … 大さじ1
- ホットケーキミックス … 150g
- バター … 50g

くるみ（ロースト）… 30g
板チョコレート… 30g

1. バターは耐熱容器に入れ、ラップはしないで電子レンジに30〜40秒かけて溶かす。右記の作り方❶、❷の要領でバナナをつぶして生地の材料と混ぜる。
2. くるみとチョコレートは飾り用に少しとりおき、❶に小さく割り入れてざっくりと混ぜる。型に等分に流し入れ、飾り用をのせる。
3. 作り方❹の要領で、オーブントースターで20〜25分焼く。

1 バナナは飾り用と生地に混ぜる分を用意する

バナナ1本は1㎝厚さの輪切りを12切れ用意し、レモン汁をふりかける（飾り用）。残りのバナナはボウルに入れ、フォークなどでペースト状につぶす。

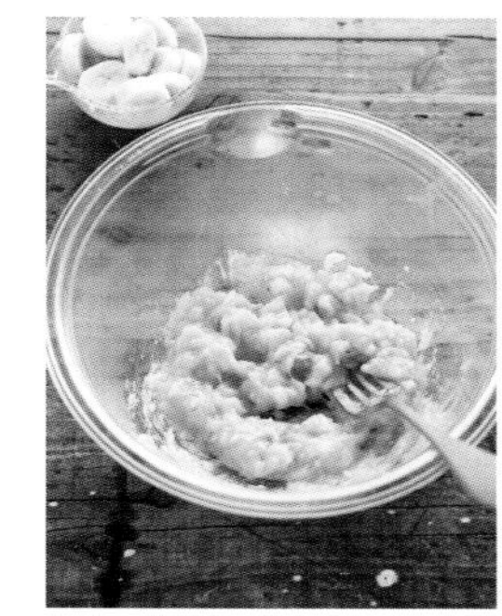

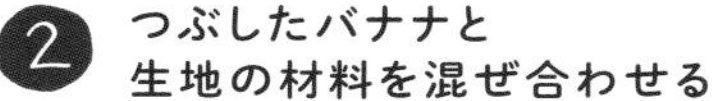

2 つぶしたバナナと生地の材料を混ぜ合わせる

❶のボウルに卵、砂糖、牛乳を加えて泡立て器で混ぜる。ホットケーキミックスを加えてさらに混ぜ、粉っぽさが残っているうちに溶かしバターを加え、全体になじむまで混ぜる。

3 バットに生地を流し入れ、飾り用のバナナをのせる

バットに生地を流し入れてならし、❶の飾り用のバナナを並べる。

4 オーブントースターで焼く

オーブントースターで15〜25分焼く。途中5分くらいして焼き色がついてきたら、アルミ箔をかぶせる。竹串を刺して、べったりとした生地がついてこなければ焼き上がり。焼き色が薄い場合は、アルミ箔をとって焼き色をつける。

ベイクドレモンチーズケーキ

人気おやつのチーズケーキをレモンの絞り汁とすりおろした皮も加えて爽やかな風味に！
お店の味に負けないくらい濃厚でなめらかな仕上がりです。
好きなだけ切り分けて、コーヒーと一緒にどうぞ。

材料（容量800mℓ・直径15×高さ５cmの耐熱容器１個分）

生地
- クリームチーズ … 200g
- 砂糖 … 大さじ５
- 卵 … １個
- 小麦粉 … 大さじ１
- 生クリーム … 100mℓ

レモン（国産）… 1/2個

下準備

- ・クリームチーズは室温にもどす。または耐熱ボウルに入れ、ラップをしないで電子レンジに30〜40秒かけても。
- ・容器にアルミ箔を底面と側面を覆うように敷き込む。

アレンジ

はちみつレモンチーズケーキ

レモンをはちみつ漬けにしてトッピング

材料（8×5×高さ3.5cmのアルミの型4個分）

生地
- クリームチーズ … 200g
- 砂糖 … 大さじ5
- 卵 … 1個
- 小麦粉 … 大さじ1
- 生クリーム … 100mℓ
- レモン汁 … 大さじ1

はちみつレモン
- レモン（国産）の輪切り（5mm厚さ）… 4枚
- はちみつ … 大さじ1 1/2

1. はちみつレモンを作る。レモンはいちょう切りにしてはちみつをからめ、冷蔵庫で半日以上漬ける。
2. 右記の作り方❷の要領で生地の材料を混ぜ、型に等分に流し入れる。作り方❹の要領でオーブントースターで20分ほど焼く。
3. 網にのせて冷まし、冷蔵庫で一晩冷やし、❶を適量のせる。

1 レモンは皮をすりおろして果汁を絞る

レモンは皮の黄色い部分をすりおろし、果肉は絞って果汁大さじ1をとりおく。

2 生地の材料をなめらかに混ぜ合わせる

ボウルにクリームチーズを入れ、泡立て器で混ぜてなめらかにし、砂糖、卵の順に加えてそのつどよく混ぜる。さらに小麦粉を茶こしでふるい入れて混ぜ、生クリーム、❶のレモンの皮と果汁の順に加えてそのつどよく混ぜる。

3 生地を容器に流し入れる

用意した容器に流し入れる。

レモンは皮と果汁を余さず使う

材料は順に加えてそのつどよく混ぜ、なめらかに

4 オーブントースターで焼く

オーブントースターで35分ほど焼く。途中3〜4分して焼き色がついてきたら、アルミ箔をかぶせる。竹串を刺して、べったりとした生地がついてこなければ焼き上がり。網にのせて冷まし、冷蔵庫で一晩冷やす。

シナモンスイートポテト

秋になると食べたくなるスイートポテト。
どこか懐かしさを感じるほんのりシナモン風味に仕上げました。
口当たりをよくするため少しやわらかめの生地にしています。

材料（6個分）
さつま芋 … 1本（250g）
砂糖 … 大さじ1 1/2
牛乳 … 大さじ2
バター … 30g
シナモンパウダー … 少々
卵黄 … 適量
炒り黒ごま … 適量

アレンジ

レーズン入りスイートポテト

子ども向けには、やさしいバニラ風味で

材料（8個分）
さつま芋 … 1本（250g）
砂糖 … 大さじ1 1/2
牛乳 … 大さじ2
バター … 30g
バニラオイル … 少々
レーズン … 20g
卵黄 … 適量

1. 右記の作り方❶、❷の要領でさつま芋を電子レンジにかけてつぶし、砂糖、牛乳、バター、バニラオイルを加えてつぶしながら混ぜ、最後にレーズンを加えて混ぜる。
2. 8等分して手を水でぬらして丸く形を整え、アルミカップに入れる。
3. 作り方❹の要領で、溶いた卵黄をぬってオーブントースターで10分ほど焼く。

1 さつま芋はレンジでチンして熱いうちにつぶす

さつま芋は皮をむいて2㎝角に切り、水に3分ほどさらして水気をきる。耐熱ボウルに入れてふんわりとラップをし、電子レンジに5分かける。やわらかくなったらすりこ木などでつぶす。

2 さつま芋と残りの材料を混ぜる

砂糖、牛乳、バター、シナモンパウダーを加え、さらにつぶしながら混ぜる。水分が多いさつま芋の場合は、牛乳の分量を加減しながら加える。丸めやすいかたさにすればOK。

シナモンパウダーの分量はお好みで

3 6等分して形を整える

アルミ箔をオーブントースターの天板のサイズに合わせて用意する。❷を6等分して手を水でぬらして丸め、ラグビーボール状に形を整えてアルミ箔の上に少し離して並べる。

4 卵黄をぬってオーブントースターで焼く

ハケで上面に溶いた卵黄をぬってごまをふり、オーブントースターで焼き色がつくまで10分ほど焼く。焼き上がりはやわらかいが、冷めると落ち着く。

焦げそうになったらアルミ箔をかぶせて

さつま芋蒸しパン

角切りにしたさつま芋をたっぷり加えた蒸しパン。蒸し器を使わず、フライパンで手軽に作れます。ホットケーキミックスで作る蒸しパンは、ほんのり甘くてやさしい味わい。いろいろなアレンジも楽しめます。

材料（容量130㎖・直径７㎝の耐熱カップ５個分）

さつま芋 … 150g

生地

- 卵 … 1個
- 牛乳 … 大さじ３
- 砂糖 … 大さじ２
- サラダ油 … 大さじ1 1/2
- 塩 … 一つまみ
- ホットケーキミックス … 100g

アレンジ

黒糖豆蒸しパン

黒糖を使ってコクをプラス

材料（容量130mℓ・直径７cmの耐熱カップ５個分）

生地
- 卵 … １個
- 牛乳 … 大さじ３
- サラダ油 … 大さじ１ 1/2
- 黒糖（粉末）… 大さじ３
- ホットケーキミックス … 100g

好みの甘納豆 … 40g

1. 右記の作り方❷の要領で生地の材料を混ぜ合わせ、甘納豆を加えてゴムベラでざっくり混ぜる。
2. カップにグラシンカップをセットし、生地を等分して流し入れる。
3. 作り方❹の要領で12分蒸す。

1 さつま芋を角切りにしてレンジでチン！

さつま芋はよく洗って皮つきのまま1.5cm角に切り、水に３分さらして水気をきる。耐熱ボウルに入れてふんわりとラップをし、電子レンジに３分30秒かける。

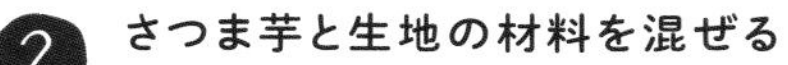

2 さつま芋と生地の材料を混ぜる

別のボウルに卵、牛乳、砂糖、サラダ油、塩を入れて泡立て器でよく混ぜる。ホットケーキミックスを加えて混ぜ、粉っぽさが残っているうちに❶を加え（トッピング用に少しとりおく）、ゴムベラにかえて混ぜる。

3 グラシンカップをセットしたカップに生地を流し入れる

カップにグラシンカップをセットし、❷を等分して入れ、トッピング用にとりおいたさつま芋をのせる。

4 湯を沸かしたフライパンで蒸す

フライパンに1.5cm深さに水を入れて火にかけ、沸騰したらいったん火を止めて❸を並べ入れる。ふきんを巻いたふたをして12分蒸す。カップごととり出して粗熱をとる。竹串を刺して何もついてこなければＯＫ。

サクサクチョコバー

溶かした板チョコにコーンフレークやビスケット
ドライフルーツを加えて
ちょっとおしゃれに食感よく仕上げました。
バレンタインデーのプレゼントにも！

材料（20×14×高さ4㎝のバット1台分）
板チョコレート（ミルク）… 150g
ビスケット … 30g
コーンフレーク（無糖）… 30g
ドライクランベリー … 15g
塩 … 一つまみ

ビスケットを加えて、よりサクサクとした軽い食感に

b

塩をふることで甘さがぐっと引き立つ

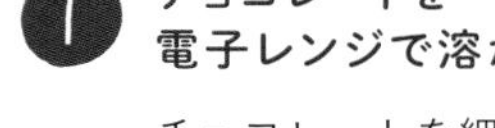

1 チョコレートを電子レンジで溶かす

チョコレートを細かく刻んで耐熱ボウルに入れ、ラップをしないで電子レンジに1分30秒かける。ゴムベラで混ぜてよく溶かす。

2 コーンフレークとビスケットを加えて混ぜる

ビスケットは適当な大きさに割り、コーンフレークとともに❶のボウルに加えて混ぜる（**a**）。

3 バットに広げ入れる

バットにオーブンペーパーを敷き込む。❷を入れてフォークでぎゅっと押さえて平らにする。チョコレートが固まらないうちにドライクランベリーをちぎって散らし、全体に塩をふる（**b**）。ドライフルーツは、オレンジピールなど好みのものでもOK。

4 冷蔵庫で冷やし固める

冷蔵庫で15分以上冷やし固める。オーブンペーパーごととり出して8等分に切り分ける。

CHAPTER 2

とにかく簡単 フライパンおやつ

身近な材料と道具で作る、
シンプルで素朴なおやつです。
思い立ったらすぐに作れるのがうれしい！

frying pan

フライパン焼きりんご

りんごデザートの定番焼きりんご。半分に切ってフライパンで焼けば中まで味がしみてとってもジューシー。香ばしいキャラメル風味のアツアツに、バニラアイスを添えてどうぞ!

材料(2人分)
りんご … 1個(250g)
バター … 10g
砂糖 … 大さじ1 1/2
バニラアイスクリーム … 適量
シナモンパウダー … 適量

アレンジ

オープンアップルパイ

薄く切った焼きりんごで手軽に

材料（４人分）
りんご … １個（250g）
バター … 10g
砂糖 … 大さじ１ 1/2
冷凍パイシート（18×18cm）… １枚
クリームチーズ … 30g
卵黄 … 適量

❶ りんごは皮つきのまま12等分のくし形に切り、芯を除く。

❷ フライパンにバターと砂糖を入れて火にかけ、バターが溶けたらりんごを加えてざっとからめる。ときどき上下を返しながらりんごがやわらかくなるまで７分ほど焼く。

❸ 解凍した冷凍パイシートは４等分に切り、全体をフォークで刺して穴を開ける。縁を１cm残してクリームチーズを等分してぬり、❷を等分してのせる。

❹ パイシートの縁の部分に溶いた卵黄をぬり、オーブントースターで８〜10分焼く。途中で焦げそうになったらアルミ箔をかぶせる。

❶ りんごを半分に切って芯をくりぬく

りんごは皮つきのまま縦半分に切り、スプーンで芯をくりぬく。

❷ 電子レンジにかける

耐熱皿にのせてふんわりとラップをし、電子レンジに２分かける。

あらかじめ
電子レンジにかけ、
焼き時間を短縮

❸ フライパンにバターと砂糖を溶かして焼く

フライパンにバターと砂糖を入れて火にかけ、バターが溶けたらりんごを加えてざっとからめる。弱火にしてふたをし、ときどき上下を返しながら10分蒸し焼きにする。

❹ 切り口を下にして焼き上げる

りんごがやわらかくなったらふたをとって中火にし、切り口を下にして軽く焼き色をつける。器に盛り、フライパンに残った焼き汁をかける。バニラアイスクリームを添えてシナモンパウダーをふり、好みでセルフィーユをのせる。

キャラメル風味の
焼き汁が
香ばしい！

チーズかぼちゃもち

生地の材料は
かぼちゃと片栗粉の2つだけ。
マッシュしたかぼちゃに
片栗粉を混ぜて焼くと
もちもちとした食感に！
包んだチーズがとろりと溶けて、
かぼちゃのやさしい甘さと
相性バツグンです。

材料（6個分）

生地
- かぼちゃ … 300g（正味250g）
- 片栗粉 … 大さじ3

スライスチーズ（溶けるタイプ）… 2枚
バター … 10g
サラダ油 … 小さじ2

❶ かぼちゃをレンジでチンして片栗粉を混ぜる

かぼちゃは種とワタを除いて皮をむき、3㎝角に切る。耐熱ボウルに入れ、ふんわりとラップをして電子レンジに5分かける。片栗粉を加え、マッシャー、またはめん棒でつぶしながらよく混ぜる。

かぼちゃは熱いうちにつぶして！

❷ 生地をなめらかにこね、6等分してまとめる

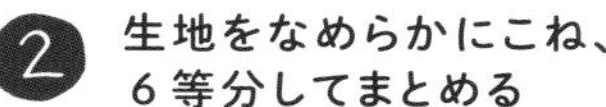

さわれるくらいに冷めたら手で軽くこね、なめらかになったら6等分して丸める。

❸ かぼちゃ生地でチーズを包む

スライスチーズは1枚を縦3等分に切り、巻くようにして一口大に折りたたむ。❷の生地を手のひらにのせて軽く押しのばし、チーズを1つずつ包んで平たい丸形に整える。

❹ フライパンでこんがりと両面を焼く

フライパンにバターとサラダ油を入れて弱めの中火にかけ、バターが溶けたら❸を並べ入れ、5～6分かけて両面をこんがりと焼く。

焦がさないように焼き、バターの風味を生かして！

アレンジ

みたらしかぼちゃもち

一口サイズに作って

材料（10個分）

生地
- かぼちゃ … 300g（正味250g）
- 片栗粉 … 大さじ3

みたらしあん
- 水 … 大さじ3
- 砂糖 … 大さじ2
- しょうゆ … 小さじ2
- 片栗粉 … 小さじ1

バター … 10g
サラダ油 … 小さじ2

❶ 右記の作り方❶、❷の要領でかぼちゃもちの生地を用意し、10等分して平たい丸形に整える。

❷ 作り方❹の要領で❶の生地を4～5分かけて両面をこんがりと焼き、器に盛る。

❸ フライパンを洗い、みたらしあんの材料を入れてよく混ぜてから火にかける。絶えず混ぜながら加熱し、透明感が出てとろみがついたら❷にかける。

抹茶ミルクレープ

誕生日や記念日など
人が集まるときに
簡単でちょっと見栄えのする
ミルクレープは
いかがでしょう？
練乳を混ぜたほんのり
ミルキーな生地は
子どももきっと喜ぶはず。

材料（直径約20cm 1個分）

生地
- 卵 … 2個
- 練乳 … 大さじ1
- 薄力粉 … 100g
- 抹茶 … 大さじ1
- 牛乳 … 250mℓ

生クリーム … 200mℓ
砂糖 … 大さじ2 1/2
アーモンド（ロースト）… 30g
サラダ油 … 適量

下準備

・薄力粉と抹茶は合わせてふるう。
・卵は溶きほぐす。
・アーモンドは細かく刻む。

アレンジ

みそクレープ

みそ風味の生地で包んで

材料（4個分）

生地
- 卵 … 1個
- みそ … 小さじ2/3
- 薄力粉 … 50g
- 砂糖 … 大さじ1/2
- 牛乳 … 100mℓ

生クリーム … 100mℓ
砂糖 … 大さじ1
くるみ（ロースト） … 適量
サラダ油 … 適量

1. 薄力粉はふるう。卵は溶きほぐし、くるみは細かく刻む。右記の作り方❶の要領でみそとほかの材料を混ぜた生地を作り、生クリームに砂糖を加えて泡立てる。
2. 作り方❷の要領で4枚同じ大きさに焼く。
3. クレープの中央に生クリームとくるみの各1/4量をのせ、上下左右を折りたたんで、長方形に4個作る。

1 混ぜた生地をこしてなめらかにする

ボウルに卵、練乳、薄力粉と抹茶、さらに牛乳の半量を入れて、泡立て器でなめらかに混ぜる。残りの牛乳も加えてなめらかに混ぜ、ザルでこしてそのまま20分おく。別のボウルに生クリームと砂糖を入れて八分立てにし、冷蔵庫で冷やしておく。

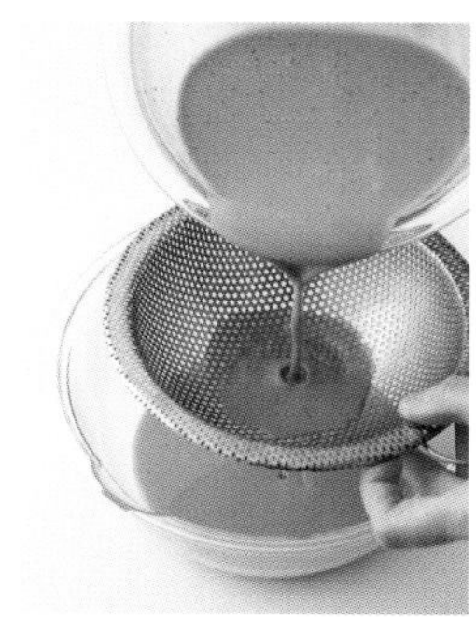

2 クレープ生地を薄く焼いて冷ます

直径26cmのフライパンにサラダ油を薄くひき、弱めの中火にかけて温める。❶の生地を玉じゃくし1杯分流し入れ、玉じゃくしの底で直径17cm大に広げる。うっすら焼き色がついたら上下を返し、さっと焼いてとり出す。残りも同様に、1枚だけ大きく（直径22cm大）、計8枚焼いて冷ます。

3 クレープとクリームを段々に重ねる

大きく焼いたクレープ1枚はとりおく。器にクレープを1枚おき、冷やしておいた生クリームの約1/7量を、クレープの周囲を5mmほど残し、中央がやや厚めになるようにぬり広げ、アーモンドの1/7量を散らす。これを繰り返し、いちばん上に大きく焼いたクレープをのせる。

4 冷蔵庫で1時間冷やして飾りつけ

❸にラップをかけて形を整え、冷蔵庫で1時間以上冷やす。切り分ける直前に、好みでレースペーパーなどをのせて、茶こしで抹茶をふって模様をつけ、切り分ける。

ホットアップルパイ

サクッと揚がった皮と甘酸っぱいりんごのフィリングが好相性のホットアップルパイ。りんごのフィリングを春巻きの皮で包んだらさらにパン粉をつけてサクサク感をアップさせます。

材料（3個分）

フィリング
- りんご … 1個（250g）
- 砂糖 … 大さじ3
- レモン汁 … 小さじ1/2

春巻きの皮 … 3枚

のり
- 小麦粉 … 大さじ5
- 水 … 大さじ3 1/2

パン粉 … 適量

揚げ油 … 適量

❶ りんごはレンジでチンして フィリングを作る

りんごは皮と芯を除き、1.5cm角に切る。耐熱ボウルに入れ、砂糖、レモン汁を加えて混ぜ、砂糖が溶けるまで10分おく。ラップをしないで電子レンジに５分かけ、いったんとり出して混ぜ、再び４分かけ る。好みでシナモンパウダーを加えて混ぜ、完全に冷ます。

❷ 春巻きの皮で包んで のりでしっかりとめる

小麦粉と水を混ぜてのりを作る。春巻きの皮の角を手前にしておき、中央よりやや手前に❶の1/3量を横長に広げてのせる。向こう側２辺にのりをぬり、手前、左右の順に皮を折り、平らな長方形になるように包む。同様に３個作る。

❸ パン粉をまぶしつける

❷の表面に残りののりをぬり、パン粉をまぶしつける。

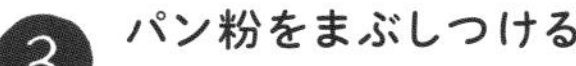

❹ 170℃の油でこんがりと揚げる

フライパンに1.5cm深さの揚げ油を170℃に熱し、❸を入れてこんがりと色がつくまで２〜３分揚げ、油をきる。

アレンジ

黒糖バナナパイ

とろけるバナナのやさしい甘さ

材料（４個分）
バナナ … １本
黒糖（粉末）… 小さじ２
春巻きの皮 … ４枚
のり
　小麦粉 … 小さじ１
　水 … 少々
揚げ油 … 適量

❶ バナナは長さを半分に切り、縦半分に切る。

❷ 小麦粉と水を混ぜてのりを作る。春巻きの皮の角を手前にしておき、中央よりやや手前にバナナ１切れをおき、黒糖の1/4量をふる。手前、左右の順に皮を折ってバナナの形に沿って巻き、巻き終わりをのりでとめる。同様に４本作る。

❸ 右記の作り方❹の要領で揚げる。

大学芋

素朴な甘みが人気のさつま芋で
みんなが喜ぶ大学芋を
作りました。
さつま芋はレンジでチン！
フライパンで焼いて
たれをからめるだけの
簡単レシピです。
黒ごまをアクセントに。

材料（2〜3人分）
さつま芋 …（大）1本（300g）
たれ
　砂糖、みりん … 各大さじ3
　しょうゆ … 大さじ1
炒り黒ごま … 適量
サラダ油 … 大さじ2

アレンジ

大学かぼちゃ

かぼちゃに変えて

材料（2～3人分）
かぼちゃ … 350g（正味300g）
たれ
　砂糖、みりん … 各大さじ3
　しょうゆ … 大さじ1
シナモンパウダー … 適量
サラダ油 … 大さじ2

1. かぼちゃは種とワタを除いて2～3cm角に切る。右記の作り方❶、❷の要領で、電子レンジにかけ、3～4分焼いてとり出す。
2. 作り方❸、❹の要領でたれを作ってからめ、シナモンパウダーをふる。

1 さつま芋は水にさらしてレンジでチン！

さつま芋は皮つきのまま1.5～2cm角、7cm長さの棒状に切り、水に3分ほどさらして水気をきる。耐熱ボウルに入れてふんわりとラップをし、電子レンジに2分30秒かける。

さつま芋は
レンジでチン！で
時間短縮

2 多めの油でカリッと焼く

フライパンにサラダ油を熱して❶のさつま芋を広げ入れ、転がしながら4～5分、表面をカリッと焼いていったんとり出す。

3 たれを作る

フライパンに残った油をふきとり、たれの材料を入れて火にかける。混ぜながら煮立て、たれにしっかりとろみがつくまで煮る。

4 たれをからめて黒ごまをふる

さつま芋を戻し入れて混ぜ、全体にたれをからめる。器に盛って、黒ごまをふる。

食パンかりんとう

昔ながらの懐かしい
おやつといえば、これ！
余ったパンの耳を揚げて
砂糖をまぶしただけなのに
ついつい手が伸びてしまいます。
パンの耳がなくてもすぐに
作れるように、食パンを使った
レシピでご紹介します。

材料（2～3人分）
食パン（6枚切り）… 2枚
グラニュー糖 … 大さじ2
きな粉 … 大さじ1
サラダ油 … 大さじ5
バター … 20g

❶ 食パンを細切りにして
レンジでチン！

食パンは１cm幅に切り、長さを半分に切る。耐熱皿に広げ、ラップをしないで電子レンジに２分かけて軽く水分を飛ばす。

❷ サラダ油とバターを合わせて熱する

フライパンにサラダ油とバターを入れて180℃に熱する。

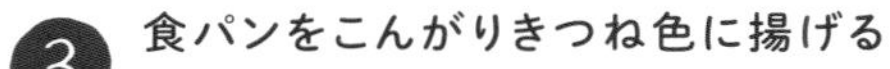

❸ 食パンをこんがりきつね色に揚げる

❶を入れ、菜箸で上下を返しながら３～４分揚げ焼きにする。全体がきつね色になり、カラッとしたらとり出し、網にのせて油をきり、粗熱をとる。

❹ ポリ袋に入れて
グラニュー糖ときな粉をまぶす

ポリ袋に❸、グラニュー糖、きな粉を入れ、シャカシャカふって全体にまぶす。

アレンジ

パンの耳黒糖かりんとう

さらにこんがり香ばしく

材料（２～３人分）
食パンの耳（８枚切り）… ５枚分
黒糖（粉末）… 大さじ４
水 … 大さじ１
炒り黒ごま … 小さじ２
サラダ油 … 大さじ５
バター … 20g

❶ 食パンの耳は長さを半分に切る。右記の作り方❶の要領で電子レンジにかける。

❷ 作り方❷、❸の要領で❶を揚げ焼きにし、油をきる。

❸ フライパンをきれいにし、黒糖と分量の水を入れて混ぜずに火にかける。沸騰したらフライパンをまわしながら煮立て、泡が大きくなりあめ状になったら火を止める。すぐに❷を戻し入れ、ごまも加えてからめる。

オレンジフレンチトースト

爽やかなオレンジ風味のフレンチトースト。
卵液をたっぷり吸わせたバゲットを
バターでこんがりと焼き上げます。
さっとソテーしたオレンジを添えれば、ちょっとリッチに！

材料（２人分）
オレンジ … １〜１ 1/2個
卵 … １個
砂糖 … 大さじ１
牛乳 … 大さじ４
バゲット（２cm厚さ）… ４枚
バター … 20g
メープルシロップ、粉糖 … 各適量

a

30分以上卵液に浸し、しっとりとした食感に

b

果肉に火を通すと甘酸っぱさが引き立つ

1 オレンジの果汁を絞って果肉を切り出す

オレンジは横半分に切り、1/2個を絞って果汁大さじ２をとる。残りは皮をむいて横７〜８㎜厚さの半月切りにする。

2 バゲットを卵液に浸す

バットにオレンジ果汁と卵、砂糖、牛乳を入れてよく混ぜ、バゲットを並べ入れる（a）。途中上下を返して30分以上浸し、卵液をしっかりとしみ込ませる。

3 フライパンにバターを溶かしこんがりと焼く

フライパンにバターを溶かし、弱めの中火で❷の両面をこんがりと焼いて器に盛る。

4 オレンジの果肉をさっと焼く

続けてフライパンに❶のオレンジの果肉を入れ、両面をさっと焼いて（b）❸にのせる。メープルシロップをかけ、粉糖をふる。

ホットケーキミックスの絶品おやつ

ホットケーキミックスを使えば、
憧れのおやつも簡単に！
ほんのり甘くてやさしい味です。

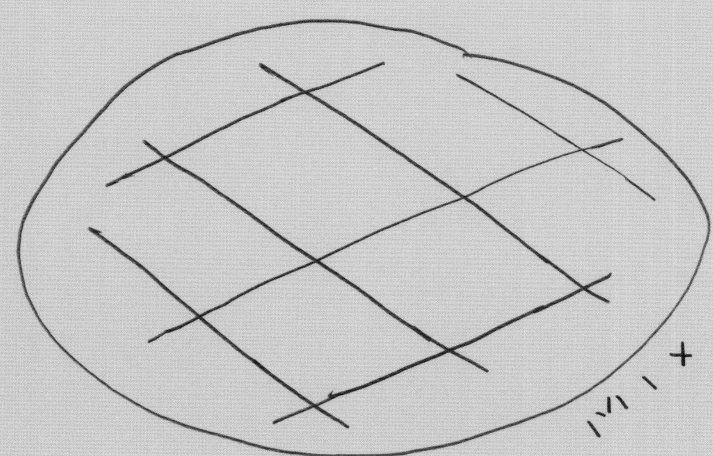

バナナオムレット

まるごと1本のバナナ、
たっぷりの生クリーム、
ふわふわのスポンジの一体感が
絶妙なバランス。
スポンジを電子レンジで作れば
ふわふわしっとり！
ふんわり半分に折って
冷ますときれいに包めます。

材料（2人分）
生地
- 卵 … 1個
- 砂糖 … 大さじ1
- 牛乳 … 大さじ4
- サラダ油 … 大さじ2
- ホットケーキミックス … 110g

生クリーム … 100mℓ
砂糖 … 大さじ1
バナナ … （小）2本

① 生地の材料を混ぜ合わせる

ボウルに卵と砂糖を入れ、泡立て器でよく混ぜる。牛乳とサラダ油も加えてよく混ぜ、ホットケーキミックスも加え、粉っぽさがなくなるまで混ぜる。

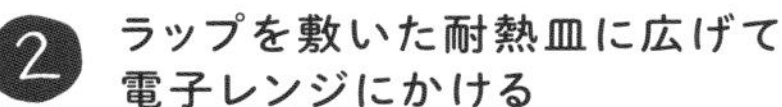

② ラップを敷いた耐熱皿に広げて電子レンジにかける

直径20cmの耐熱皿にラップを敷き、❶の半量を流し入れ、玉じゃくしの底で直径18cmに広げる。上からもふんわりとラップをし、電子レンジに1分50秒かける。

耐熱皿は少し深さがあるものを

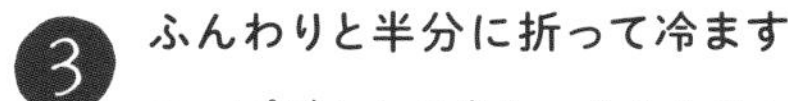

③ ふんわりと半分に折って冷ます

ラップごととり出し、ふんわりと半分に折ってラップで包み、完全に冷ます。もう1枚も同様に作る。

生地の表面がきれいなほうを外側に

④ 生クリームとバナナをのせて形を整える

生クリームに砂糖を加えて、九分立てにする。半量ずつ、❸のスポンジの内側に周囲を少し残してぬり広げる。中央にバナナを1本ずつのせて包み、形を整える。ラップで包んで冷蔵庫で10分以上冷やす。

アレンジ

ココアバナナサンド

生地にココアパウダーを加えて

材料（2人分）

生地
- 卵 … 1個
- 砂糖 … 大さじ1
- 牛乳 … 大さじ4
- サラダ油 … 大さじ2
- ホットケーキミックス … 100g
- ココアパウダー … 10g

生クリーム … 100mℓ
砂糖 … 大さじ1
バナナ … 1本

❶ 右記の作り方❶、❷の要領でスポンジを2枚作る。ココアパウダーはホットケーキミックスとともに加える。ラップで包み、完全に冷ます。

❷ 生クリームに砂糖を加えて九分立てにする。❶のスポンジ1枚に、生クリームの半量をぬり、斜め薄切りにしたバナナ、残りの生クリーム、スポンジの順に重ね、ラップで包んで冷蔵庫で30分以上冷やす。ラップごと4等分に切る。

パイナップルケーキ

フライパンに
輪切りのパイナップルと
ドレンチェリーを並べ
ホットケーキミックスの生地を
流して焼くだけ。
焼き上がりを裏返すと
まるで花が咲いたみたいで
とっても華やか！

材料（直径20㎝のフライパン１個分）

生地
- 卵 … １個
- 砂糖 … 大さじ１
- プレーンヨーグルト … 50g
- 牛乳 … 大さじ４
- はちみつ … 大さじ１ 1/2
- ホットケーキミックス … 100g

パイナップル（缶詰）… ４枚
ドレンチェリー … ５個
バター … ８g
砂糖 … 大さじ１

アレンジ

黄桃ケーキ

生地に紅茶葉を加えて

材料（直径20㎝のフライパン１個分）

生地
- 卵 … １個
- 砂糖 … 大さじ１
- プレーンヨーグルト … 50g
- 牛乳 … 大さじ４
- はちみつ … 大さじ１ 1/2
- ホットケーキミックス … 100g
- 紅茶葉（ティーバッグ）… １袋（２g）

黄桃（缶詰）…（半割り）５切れ
バター … ８g
砂糖 … 大さじ１

1. 右記の作り方❶の要領で、生地の材料を混ぜる。紅茶葉は最後に加えて軽く混ぜる。黄桃は６等分のくし形に切って水気をふく。
2. 作り方❷、❸の要領で、パイナップルとドレンチェリーの代わりに黄桃をフライパンの中央から外に向かって花びらのように並べ、❶の生地を流し入れて焼く。
3. 作り方❹の要領でとり出して粗熱をとり、食べやすい大きさに切る。好みでミントを添えても。

1 生地の材料を混ぜ合わせる

ボウルに生地の卵と砂糖を入れ、白っぽくなるまで泡立て器でよく混ぜる。ヨーグルト、牛乳、はちみつを加えてさらに混ぜ、ホットケーキミックスも加えて粉っぽさがなくなるまで混ぜる。

ヨーグルトとはちみつでしっとりふんわり！

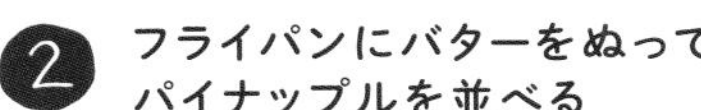

2 フライパンにバターをぬってパイナップルを並べる

フライパンにバターをぬり、砂糖を全体にふる。パイナップルの水気をふいて並べ、すき間にドレンチェリーを入れる。

フライパンの側面までしっかりバターをぬって

3 生地を流し入れ、ふたをして焼く

❶の生地を流し入れ、ふたをして火にかける。１分焼いたらごく弱火にし、さらに20〜25分焼く。

4 ケーキの上下を返して盛りつける

生地の表面が乾いたら皿をかぶせてフライパンごと上下を返し、とり出す。粗熱がとれたら器に盛る。

いちごジャムスコーン

スコーンといえば
いちごジャムというくらい
大好きな組み合わせです。
スコーンはバターの代わりに
サラダ油を使って
サクサクの焼き上がりに。
いちごジャムをたっぷり
はさんでどうぞ!

材料(6個分)

生地
- ホットケーキミックス … 150g
- 牛乳 … 大さじ2
- サラダ油 … 大さじ2

いちごジャム
- いちご … 100g
- グラニュー糖 … 30g
- レモン汁 … 小さじ1

アレンジ

いちごミルクスコーン

ほんのりいちご色

材料（6個分）
いちご … 40g
練乳 … 大さじ1
ホットケーキミックス … 150g
サラダ油 … 大さじ1 1/2

❶ いちごはフォークでつぶし、練乳を混ぜる。

❷ ボウルにホットケーキミックス、❶、サラダ油を入れてゴムベラで混ぜ、まとまってきたら手でひとまとめにする。いちごによって水分量が違うので、生地がゆるい場合はホットケーキミックスを足して調節する。

❸ 10cm大の円形にのばし、包丁で放射状の6等分に切り分ける。右記の作り方❹の要領で焼く。

1 いちごジャムを電子レンジで作る

いちごは縦半分に切る。直径20cmの耐熱ボウルに入れ、グラニュー糖とレモン汁を混ぜて30分おく。ふんわりとラップをして電子レンジに3分かけ、いったんとり出して表面のアクを除く。再びふんわりとラップをして3分かける。

2 生地の材料を混ぜ合わせる

別のボウルにホットケーキミックス、牛乳、サラダ油を入れてゴムベラで混ぜ、まとまってきたら手でひとまとめにする。

3 生地を平らにのばして切り分ける

生地を10×10cmほどになるように手の平で押してのばし、包丁で6等分に切り分ける。

4 オーブントースターで焼く

天板にアルミ箔を敷いて❸を並べ、オーブントースターで12〜14分焼く。途中5分ほどして焼き色がついてきたら、アルミ箔をかぶせる。焼き上がったら網にのせて粗熱をとり、半分に割って❶のジャムをはさむ。

バターロール メロンパン

甘くて香ばしいクッキー生地をかぶったメロンパン。ホットケーキミックスで作ったクッキー生地をバターロールにかぶせて焼けばあっという間に完成！焼きたてサクサクのお手軽クッキー生地が絶品。

材料（3個分）

クッキー生地
- バター（食塩不使用）… 20g
- 砂糖 … 大さじ1
- 溶き卵 … 1/2個分（25g）
- ホットケーキミックス … 90g

バターロール … 3個
グラニュー糖 … 小さじ1

下準備

・バターを室温にもどす。

❶ クッキー生地を作る

バターをボウルに入れて泡立て器でなめらかに混ぜる。砂糖、溶き卵の順に加え、そのつどよく混ぜる。ゴムベラに持ちかえ、ホットケーキミックスを加えてなじむまで混ぜる。

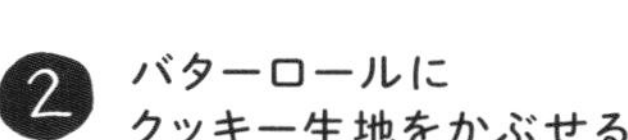

❷ バターロールに クッキー生地をかぶせる

❶を３等分して丸め、手のひらではさんでバターロールの上面をしっかり覆うくらいの大きさにのばす。バターロールにかぶせ、なじませる。

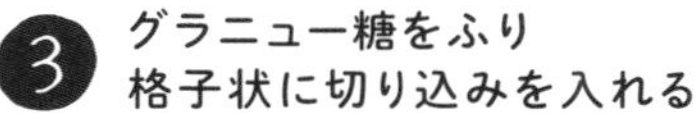

❸ グラニュー糖をふり 格子状に切り込みを入れる

表面にグラニュー糖をふり、包丁で縦横４本ずつ、格子状に切り込みを入れる。

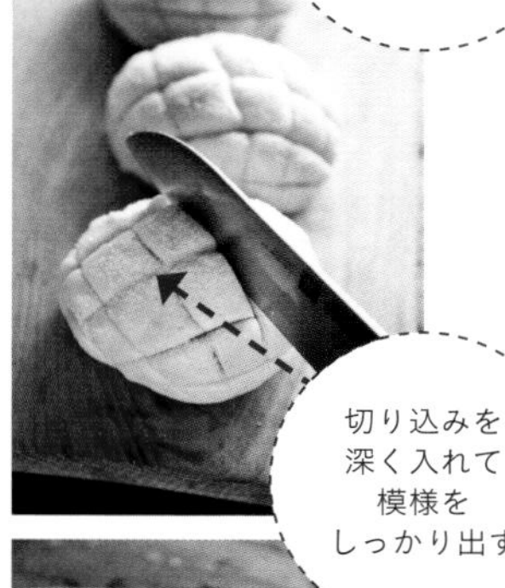

❹ オーブントースターで焼く

天板に並べ、オーブントースターで10分ほど焼く。途中焼き色がついたら、アルミ箔をかぶせて焼く。

アレンジ

ココアメロンパン風トースト

食パンを使ってココア風味で

材料（２枚分）

クッキー生地
- バター（食塩不使用）… 20g
- 砂糖 … 大さじ１
- 溶き卵 … 1/2個分（25g）
- ホットケーキミックス … 80g
- ココアパウダー … 小さじ２

食パン（５枚切り）… ２枚
グラニュー糖 … 小さじ１

❶ 右記の作り方❶の要領で、クッキー生地を作る。ココアパウダーはふるってホットケーキミックスに加え、よく混ぜてから加える。

❷ ２等分して丸め、食パンの片面を覆うくらいの大きさに四角くのばしてから、食パンにかぶせてなじませる。

❸ 作り方❸、❹の要領で、グラニュー糖をふって、包丁で格子状に切り込みを入れ、オーブントースターで10分ほど焼く。

一口バームクーヘン

卵焼き用のフライパンで
生地を重ね焼きにし
年輪風の層を作ります。
一口サイズにカットすれば
キレイな層が見えて
思わずにっこり。
生地を巻いて作るより簡単で
おすすめです！

材料（15×20㎝の卵焼き器１個分）

生地
- 卵 … ２個
- 砂糖 … 大さじ３
- はちみつ … 大さじ1/2
- 牛乳 … 100㎖
- ホットケーキミックス … 150g
- バター（食塩不使用）… 50g

サラダ油 … 適量

下準備

・バターを細かく切って耐熱容器に入れ、ラップをしないで電子レンジに約１分かけ、溶かす。

アレンジ

レモン風味バームクーヘン

丸く焼いてケーキ風に

材料（4個分）

生地
- 卵 … 2個
- 砂糖 … 大さじ3
- はちみつ … 大さじ1/2
- 牛乳 … 100mℓ
- バター（食塩不使用）… 50g
- ホットケーキミックス … 150g
- レモン（国産）の皮のすりおろし … 1/2個分

アイシング
- 粉糖 … 30g
- レモン汁 … 大さじ1/2〜小さじ2

サラダ油 … 適量

1. 溶かしバターを用意し、右記の作り方❶の要領で生地を作る。
2. 作り方❷、❸の要領で、フライパンに❶を玉じゃくし1/2杯程度ずつ入れて直径12cm大に広げ、重ねて焼く。とり出して粗熱をとる。
3. アイシングの材料を混ぜ、❷にかける。食べやすく切り、レモンの皮のすりおろしをのせても。

1 生地の材料を混ぜ合わせる

ボウルに卵、砂糖、はちみつを入れて泡立て器でよく混ぜ、牛乳、ホットケーキミックスの順に加えて混ぜる。最後に溶かしバターも加え、なめらかになるまで混ぜる。

2 生地を玉じゃくし 1/2 杯分焼く

卵焼き器に薄くサラダ油をひいて弱火にかけ、❶の生地を玉じゃくし1/2杯程度入れて全体に広げる。焼き色がついたら上下を返す。

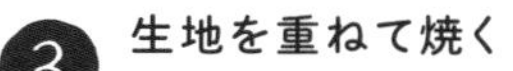

3 生地を重ねて焼く

❷の上に❶の生地を玉じゃくし1/2杯程度入れて広げ、下面に焼き色がついたら上下を返す。これを生地がなくなるまでくり返す。

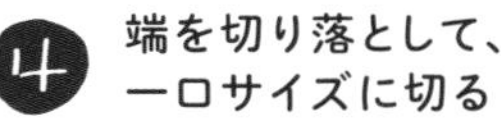

4 端を切り落として、一口サイズに切る

卵焼き器からとり出して粗熱をとる。端を切り落として形を整え、食べやすい大きさに切る。

＊すぐに食べない分は、ラップでしっかり包んでおく。

キャロットケーキ

すりおろしたにんじんを
加えて作るキャロットケーキ。
電子レンジで作る
失敗なしのお手軽レシピです。
シナモンやしょうがの
ほのかな香りがアクセント。
爽やかなチーズクリームを
かけてどうぞ!

材料(15×15×高さ5cmの耐熱容器1個分)

生地
- にんじん … 50g
- 卵 … 1個
- 砂糖 … 大さじ1
- サラダ油 … 大さじ2
- おろししょうが … 小さじ1/4
- シナモンパウダー … 少々
- ホットケーキミックス … 100g

チーズクリーム
- クリームチーズ … 80g
- はちみつ … 大さじ1
- プレーンヨーグルト … 大さじ1/2

くるみ(ロースト)、
シナモンパウダー … 各適量
サラダ油 … 適量

下準備
・クリームチーズを室温にもどしておく。

アレンジ

キャロットカップケーキ

相性よしのレーズンを加えて

材料
（直径５×高さ４㎝の耐熱カップ４個分）

生地
- にんじん … 50g
- 卵 … １個
- 砂糖 … 大さじ１
- サラダ油 … 大さじ２
- ホットケーキミックス … 100g

レーズン … 30g
ママレード … 適量

1. 右記の作り方❶、❷の要領ですりおろしたにんじんに残りの生地の材料を混ぜ、レーズンも加えて混ぜる。
2. 耐熱カップに等分に入れ、電子レンジに２分40秒～３分かける。
3. 仕上げにママレードをのせる。

1 にんじんをすりおろす

にんじんは皮をむき、すりおろす。耐熱容器に薄くサラダ油をぬる。

2 生地の材料を混ぜ合わせる

ボウルに❶のにんじん、生地のホットケーキミックス以外の材料を入れて泡立て器でよく混ぜる。ホットケーキミックスも加え、粉っぽさがなくなるまで混ぜる。

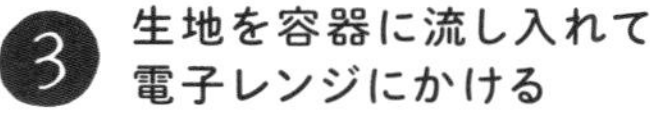

3 生地を容器に流し入れて電子レンジにかける

❷を耐熱容器に流し入れ、ふんわりとラップをして電子レンジに２分30秒～３分かける。ラップをしたまま粗熱がとれるまでおく。

4 チーズクリームをケーキにぬる

クリームチーズにはちみつ、プレーンヨーグルトを加えて混ぜる。❸を容器からとり出し、表面にチーズクリームをぬり広げる。好みの大きさに切り分け、粗く砕いたくるみをのせてシナモンパウダーをふる。

もちもちパンケーキ

ホットケーキミックスで作れば失敗なく、ふわふわになります。さらに生地におもちを加えてしっとりもちもち食感に！ホットケーキミックスのやさしい甘さに、ほんのりおもちの香りがよく合います。濃厚抹茶ソースでどうぞ！

材料（2人分）

生地
- 切りもち … 2個（100g）
- 牛乳 … 200mℓ
- 卵 … 1個
- ホットケーキミックス … 150g

抹茶ソース
- 抹茶 … 小さじ2
- 砂糖 … 大さじ1
- 熱湯 … 大さじ3

生クリーム … 100mℓ
砂糖 … 小さじ2
バナナ … 1本
サラダ油 … 適量

1 抹茶ソースを作って冷やしておく

小さい容器に抹茶と砂糖を入れ、熱湯を大さじ1ずつ加えてそのつど混ぜて溶かし、冷蔵庫で冷やす。ボウルに生クリームと砂糖を入れて八分立てにし、冷蔵庫で冷やす。

2 もちを溶かしてなめらかに混ぜる

切りもちを6等分に切って大きめの耐熱ボウルに入れ、牛乳を加えてふんわりとラップをし、電子レンジに5分弱かける。とり出してもちが完全に溶けるまで泡立て器で混ぜる。

続けて生地の材料を混ぜるので大きめのボウルで

3 卵とホットケーキミックスも加えて混ぜる

❷のボウルに卵を加えて手早く混ぜ、ホットケーキミックスも加えて、粉気がなくなるまでしっかりと混ぜる。

4 ふたをして弱火で両面蒸し焼きにする

フライパンにサラダ油を薄くひいて弱火にかけ、生地の1/6量を流し入れ、ふたをして5分ほど焼く。上下を返して、同様に3分ほど焼く。同様にして6枚焼く。器に盛り、縦横半分に切ったバナナを添え、❶の生クリームをのせて抹茶ソースをかける。

蒸し焼きにするともちもち感がアップする

アレンジ

あんバターどら焼き

生地を小さく焼いて

材料（4個分）

生地
- 切りもち … 2個（100g）
- 牛乳 … 200mℓ
- 卵 … 1個
- ホットケーキミックス … 150g

粒あん（市販品）… 160g
バター … 40g
サラダ油 … 適量

1. 右記の作り方❷、❸の要領で生地を作る。作り方❹の要領でフライパンにサラダ油を薄くひいて弱火にかけ、生地の1/8量を流し入れ、8枚焼く。
2. ❶を2枚1組にし、粒あん、バターを1/4量ずつはさむ。

抹茶豆腐ドーナッツ

ホットケーキミックスと豆腐で作る
昔ながらのげんこつドーナッツ。
しっとりやわらかく、外側はグラニュー糖でキラキラ！
割ると抹茶の色がキレイです。

材料（18個分）
生地
- ホットケーキミックス … 150g
- 抹茶 … 小さじ２
- 絹ごし豆腐 … 120〜130g

グラニュー糖 … 適量
揚げ油 … 適量

a

b

油の温度が
高くならない
ように
調整して

1 粉と豆腐を混ぜてなじませる

ボウルにホットケーキミックスと抹茶を入れ、泡立て器でよく混ぜる。豆腐を加えて手で豆腐をつぶしながら、なじむまで混ぜる（**a**）。

2 ひとまとまりになったら丸める

生地がまんべんなく混ざり、しっとりとひとつにまとまったら、手にサラダ油適量（分量外）をつけて、直径２〜３㎝大に丸める。

3 転がしながらこんがり色よく揚げる

揚げ油を160℃に熱し、❷をそっと入れる。いったん沈んで浮き上がってきたら、菜箸で返しながら４分ほど、２倍ほどの大きさになるまで色よく揚げて油をきる（**b**）。

4 アツアツのうちにグラニュー糖をまぶす

大きめのボウルにグラニュー糖を入れ、アツアツのドーナッツを入れて、菜箸で転がしながら全体にまぶす。

混ぜて固めてひんやりおやつ

材料を混ぜたら、あとは冷蔵庫におまかせ。
暑い時季はもちろん、寒い時季だって
食べたくなるものばかり！

ミルクババロア

ミルキーでクリーミーな風味のババロア。
花のような形がかわいいアルミの型で作るとレトロで懐かしい雰囲気に。
グレープフルーツなど甘酸っぱいフルーツを添えるのがおすすめです。

材料（容量100mℓのアルミの型5個分）
牛乳 … 150mℓ
卵黄 … 2個分
砂糖 … 大さじ4
バニラエッセンス … 少々
生クリーム … 150mℓ
粉ゼラチン … 5g
｜水 … 大さじ2
ピンクグレープフルーツ … 適量

下準備
・小さい容器に分量の水を入れ、粉ゼラチンをふり入れてふやかす。

アレンジ

フルーツババロア

好みのフルーツをたっぷり

材料（15×15×高さ５㎝の容器１個分）
牛乳 … 150mℓ
卵黄 … ２個分
砂糖 … 大さじ４
バニラエッセンス … 少々
生クリーム … 150mℓ
粉ゼラチン … ５g
｜水 … 大さじ２
好みのフルーツ（缶詰）… 適量

1. 粉ゼラチンは分量の水にふり入れ、ふやかす。右記の作り方❶、❷の要領で、生クリーム以外の材料を混ぜ、ゼラチンを溶かす。
2. 生クリームは七分立てにする。
3. 作り方❸の要領で❷の生クリームを加えて混ぜる。
4. 水でぬらして軽く水気をきった容器に入れ、冷蔵庫で３時間以上冷やし固める。好みのフルーツをトッピングする。

1 卵黄、砂糖、牛乳を混ぜ合わせる

牛乳は鍋に入れ、沸騰直前まで温める。ボウルに卵黄と砂糖を入れて泡立て器で白っぽくなるまでよく混ぜ、牛乳を少しずつ加えてそのつど混ぜる。

よく混ざるように
牛乳は
少しずつ加えて

2 鍋に移して火にかけ ゼラチンを加えて溶かす

❶を鍋に移し、弱めの中火にかける。ヘラで混ぜながら加熱し、ゆるいとろみがついたら火を止め、ふやかしたゼラチンとバニラエッセンスを加えて混ぜて溶かす。

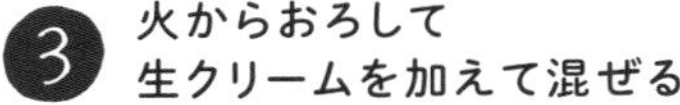

3 火からおろして 生クリームを加えて混ぜる

鍋底を氷水に当てて冷やしながら混ぜる。さらにとろみがついたら氷水をはずし、生クリームを加えて混ぜる。

生クリームで
コクと
とろみをつける

4 型に流して冷やし固める

水でぬらした型に入れ、冷蔵庫で３時間以上冷やし固める。型からとり出して器に盛り、食べやすく切ったピンクグレープフルーツと好みでミントを添える。

かぼちゃプリン

たっぷりのかぼちゃに
牛乳、生クリームを加えた
濃厚な味わいの
かぼちゃプリン。
つるんっというより
ほっくりとした食感です。
ほどよく苦みの効いた
カラメルソースがよく合います。

材料（直径15×高さ5㎝の丸型1台分）

かぼちゃ … 480g（正味400g）
砂糖 … 80g
牛乳 … 250mℓ
生クリーム … 100mℓ
粉ゼラチン … 10g
│水 … 大さじ4
カラメルソース
│砂糖 … 80g
│水 … 40mℓ
│熱湯 … 50mℓ
バター … 適量

下準備

・小さい耐熱容器に分量の水を入れ、粉ゼラチンをふり入れてふやかす。
・型に薄くバターをぬる。

アレンジ

豆乳かぼちゃプリン

ちょっぴり和風のおいしさ

材料（容量220mℓの器３個分）
かぼちゃ … 250g（正味200g）
砂糖 … 大さじ４
豆乳（成分無調整）… 300mℓ
粉ゼラチン … ５g
｜水 … 大さじ２

1. 粉ゼラチンは分量の水にふり入れてふやかす。右記の作り方❶の要領でかぼちゃは電子レンジに５〜６分かけてつぶす。
2. ❶のかぼちゃに砂糖を加えて混ぜ、豆乳を少しずつ加えて泡立て器でそのつど混ぜ、ザルでこす。❶のゼラチンを電子レンジに20秒かけて溶かして加え、よく混ぜる。
3. 器に等分に流し入れ、冷蔵庫で４時間以上冷やし固める。好みで黒みつをかけて食べても。

1 かぼちゃをレンジでチンして熱いうちにつぶす

かぼちゃは種とワタを除き、皮をむいて３㎝角に切る。耐熱ボウルに入れてふんわりとラップをし、電子レンジに７〜８分かけ、熱いうちにマッシャーでしっかりとつぶす。

2 材料を混ぜ合わせてこす

❶のかぼちゃに砂糖を加えてよく混ぜ、牛乳を３回に分けて加え、泡立て器でそのつどよく混ぜる。生クリームも加えてよく混ぜ、ザルでこす。

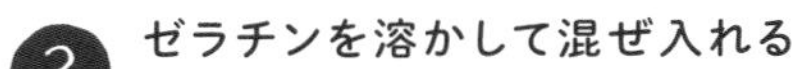

3 ゼラチンを溶かして混ぜ入れる

ふやかしたゼラチンを電子レンジに30秒かけて溶かし、❷に加えてよく混ぜる。

4 型に流して冷やし固める

用意した型に❸を入れ、冷蔵庫で半日以上冷やし固める。カラメルソースを作る。小さめのフライパンに砂糖と水を入れ、混ぜずに火にかける。色づいてきたらときどき揺すりながら煮立て、濃い茶色になったら火を止め、熱湯を加えて（やけどに注意）揺すって混ぜ、冷ます。温めたタオルを型に当ててプリンをとり出して切り、カラメルソースを添える。

レモンカップゼリー

絞りたてのレモン果汁を使った
とっても爽やかな
はちみつレモン風味のゼリー。
レモンの皮を器にするだけで
こんなにおしゃれ！
ちょっと手をかけて
おもてなしや
特別な日のデザートに。

材料（2個分）
レモン … 2個
はちみつ … 大さじ3
砂糖 … 大さじ1
粉ゼラチン … 3g
｜水 … 大さじ1

1 粉ゼラチンをふやかす

小さい容器に分量の水を入れ、粉ゼラチンをふり入れてふやかす。

2 レモンの果肉をくりぬいて絞る

レモンを縦向きにおき、片側の端から1/4ほどのところで皮を切り落とす。スプーンで薄皮ごと果肉をくりぬき、果汁を絞ってザルでこし、水を足して150mℓにする。皮はすべてとりおいてカップにする。

3 ゼリー液を作る

小鍋に❷の果汁液を入れて火にかけ、沸騰直前で火を止める。❶のゼラチンを加えて混ぜて溶かし、はちみつと砂糖も加え、よく混ぜて溶かす。

ゼラチンは
沸騰させると
固まりにくく
なるので
火を止めて

4 レモンカップに流して冷やし固める

❷のレモンカップに等分に入れ、粗熱がとれたら冷蔵庫で４時間以上冷やし固める。食べるときに、切り落とした皮をふたとして添え、好みでミントを添えても。

アレンジ

オレンジカップゼリー

オレンジの皮を利用して

材料（２人分）

オレンジ … １個
砂糖 … 大さじ１
粉ゼラチン … ３g
｜水 … 大さじ１

1. 粉ゼラチンは分量の水にふり入れ、ふやかす。
2. オレンジを横半分に切り、右記の作り方❷の要領で果肉をくりぬき、絞った果汁に水を足して150mℓにする。皮はとりおいてカップにする。
3. 作り方❸の要領で、ゼリー液を作る。作り方❹の要領で冷やし固め、食べやすい大きさのくし形に切り分ける。

豆乳あずきレアチーズ

豆乳×ヨーグルトで
さっぱり仕上げたヘルシーな
チーズケーキです。
口当たりが軽いレアチーズに
あんこを合わせて
ひんやりおいしい
和風スイーツにしてみました。
グラスで作るのもおすすめ！

材料（直径15cmの底が抜ける丸型１台分）

生地
- クリームチーズ … 200g
- 砂糖 … 50g
- プレーンヨーグルト … 100g
- 豆乳（成分無調整）… 100mℓ
- レモン汁 … 小さじ1

粉ゼラチン … 7g
- 水 … 大さじ3

ビスケット … 70g
バター … 30g
粒あん（市販品）… 80g

下準備

・クリームチーズは室温にもどしておく。または耐熱ボウルに入れ、ラップをしないで電子レンジに30〜40秒かける。
・小さい耐熱容器に分量の水を入れ、粉ゼラチンをふり入れてふやかす。

アレンジ

グラス豆乳レアチーズ

グラスで冷やし固めて

材料（容量150mℓのグラス６個分）

生地
- クリームチーズ … 200g
- 砂糖 … 60g
- プレーンヨーグルト … 100g
- 豆乳（成分無調整）… 100mℓ
- レモン汁 … 小さじ１

粉ゼラチン … ６g
- 水 … 大さじ２

すいか … 適量

❶ 粉ゼラチンを分量の水にふり入れてふやかし、右記の作り方❸の要領で生地を作る。グラスに等分して流し入れ、冷蔵庫で３時間以上冷やし固める。

❷ すいかは皮と種を除いて２cm角に切ってのせる。

❶ ビスケットを砕いて型に敷きつめる

２枚重ねのポリ袋にビスケットを入れ、めん棒などでたたいて細かく砕く。バターを電子レンジに30秒かけて溶かし、ビスケットと混ぜ、型の底に敷きつめる。

ビスケットは細かく砕いたほうが敷き詰めやすい

❷ ビスケットの上に粒あんを広げる

ビスケットの上に、周囲を１cmほどあけて粒あんを平らにぬり広げる。冷蔵庫に入れて冷やしておく。

❸ 豆乳レアチーズの生地を作る

ボウルにクリームチーズを入れて泡立て器でなめらかに混ぜ、砂糖、ヨーグルト、豆乳、レモン汁の順に加えて、そのつどよく混ぜる。ふやかしたゼラチンを電子レンジに20～30秒かけて溶かして加え、さらに混ぜる。

泡立て器をボウルの底に当てるようにしてよく混ぜる

❹ 型に流して冷やし固める

❷で冷やしておいた型に生地を流し入れ、冷蔵庫で４時間以上冷やし固める。温めたタオルを型のまわりに当ててチーズケーキをとり出し、６～８等分に切り分ける。

フルーツ寒天

キラキラと輝く
色とりどりのフルーツが
キレイなフルーツ寒天。
ゼリーと違って
室温で溶けないので
手土産にしても喜ばれます。
お好きなフルーツで
お試しください！

材料（約12個分）

寒天液
- 粉寒天 … 4g
- 砂糖 … 大さじ3
- 水 … 300mℓ
- レモン汁 … 小さじ1

好みの果物（キーウィフルーツ、パイナップル、ピンクグレープフルーツなど）… 200g

下準備

・果物を小角に切って水気をきる。

❶ 寒天液を作る

鍋に粉寒天、砂糖、分量の水を入れ、泡立て器で混ぜて火にかける。絶えず混ぜながら、煮立ったら弱火にしてさらに２分加熱する。火を止めてレモン汁を加えて混ぜる。

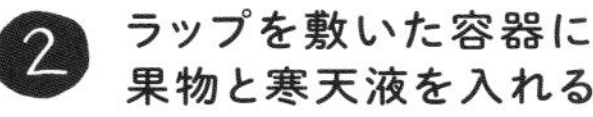

❷ ラップを敷いた容器に果物と寒天液を入れる

小さい容器12個に、大きく切ったラップを敷き、果物を等分して入れる。❶の寒天液を大さじ１〜２ずつ、等分に加える。

❸ 茶巾に絞ってコロコロの形にする

空気が入らないように、きっちりラップの口を絞って、タコ糸やゴムなどでしばって口を閉じる。

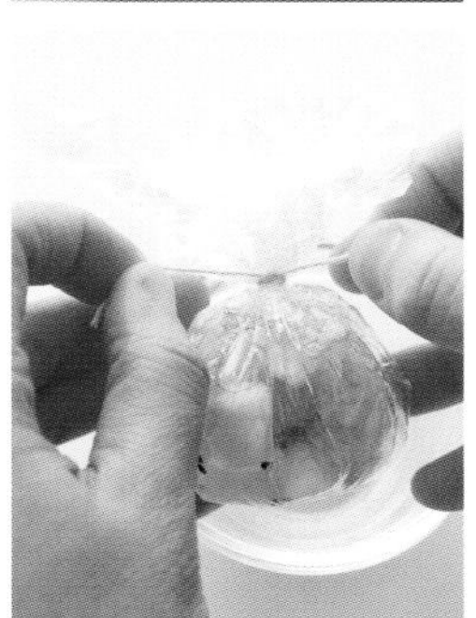

❹ 氷水につけて冷やし固める

ボウルに氷水を入れ、菜箸などを渡して❸の茶巾に絞った寒天をつるし、氷水につけて１時間ほど冷やし固める。

アレンジ

オレンジミルク寒天

寒天をミルク味に

材料（12×15×高さ５cmの流し缶１台分）

寒天液
- 粉寒天 … ４g
- 砂糖 … 大さじ３
- 水 … 150mℓ
- 牛乳 … 250mℓ

オレンジ … １個

❶ 牛乳は室温にもどす。オレンジは皮をむいて薄い輪切りにし、水でぬらした流し缶の底に敷く。

❷ 右記の作り方❶の要領で粉寒天、砂糖、分量の水を煮立て、弱火で２分加熱したあとに、牛乳を少しずつ混ぜながら加えて火を止める。

❸ ❶の流し缶に静かに流し入れ、粗熱がとれたら冷蔵庫で１時間以上冷やす。とり出して、好みの大きさに切る。

寒天ショコラ

いくつになっても
なんだかウキウキしてしまう
バレンタインデー。
寒天で作るチョコデザートなら
甘さも控えめ。
室温でも溶けないから
カップに入れれば
プレゼントにも！

材料（21×15×高さ３㎝のバット１台分）
ココアパウダー … 大さじ２
熱湯 … 大さじ３
牛乳 … 450mℓ
砂糖 … 大さじ３
粉寒天 … ４g

❶ ココアパウダーを溶かす

小さい容器にココアパウダーを入れ、分量の熱湯を少しずつ注ぎ、そのつどよく溶き混ぜる。

❷ 寒天を煮溶かす

❶を鍋に入れて牛乳、砂糖、粉寒天を加え、泡立て器でよく混ぜてから強火にかける。絶えず混ぜながら、煮立ったら弱火にしてさらに２分加熱する。

❸ 型に流して冷やし固める

バットを水でぬらして水気を軽くきり、❷を茶こしでこしながら流し入れる。粗熱がとれたら、冷蔵庫で１時間以上冷やし固める。

❹ 切り分けて盛る

固まったら好みの大きさに切り分けて器に盛る。

アレンジ

寒天ショコラパフェ

好みのフルーツと合わせて

材料（２人分）
右記の寒天ショコラ … 適量
生クリーム … 100㎖
砂糖 … 小さじ２
バナナ … 適量

❶ ボウルに生クリームと砂糖を入れ、八分立てにし、口金をつけた絞り袋に入れる。

❷ 寒天ショコラは２㎝角に切り、食べやすく切ったバナナと合わせてグラスに入れ、❶を円を描くようにして絞り出す。

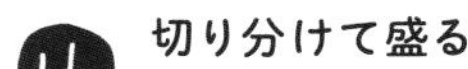

アイスクリン

生クリームを入れずに
牛乳に練乳を加えて作る
あっさりとしたおいしさの
アイスクリン。
冷凍庫に作りおきして
好きなときに好きなだけ
すくって食べたい
ひんやりおやつです。

材料（4〜5人分）
卵 … 2個
砂糖 … 大さじ2
練乳 … 大さじ3
牛乳 … 400mℓ

アレンジ

ジャム入りアイスクリン

好みのジャムを加え彩りよく

材料（4～5人分）
卵 … 2個
砂糖 … 大さじ2
練乳 … 大さじ3
牛乳 … 400mℓ
いちごジャム … 大さじ2

1. 右記の作り方❶、❷の要領で卵、砂糖、練乳、牛乳を混ぜ合わせる。
2. ステンレスの保存容器に流し入れ、ジャムを5～6か所に落とし入れる。作り方❸の要領で冷凍庫で冷やし固め、途中2～3回かき混ぜる。
3. 作り方❹の要領で盛りつける。

1 卵、砂糖、練乳を混ぜる

ボウルに卵、砂糖、練乳を入れ、泡立て器でなめらかになるまでよく混ぜる。

2 温めた牛乳を少しずつ加える

鍋に牛乳を入れて火にかけ、沸騰直前で火を止める。❶のボウルに少しずつ注ぎ入れ、そのつどよく混ぜる。

3 型に流して冷凍庫で冷やし固める

ステンレスの保存容器に流し入れ、泡がたくさんあったら除き、冷凍庫で冷やし固める。2時間したらとり出し、フォークで混ぜて空気を入れる。これを2～3回くり返す。

途中フォークで
ふんわりと
かき混ぜて

4 すくって盛りつける

アイスディッシャーや大きいスプーンなどですくって器に盛りつける。

すいか シャーベット

シャリッとした食感が爽やかな
すいかシャーベット。
材料を保存袋に入れて
モミモミしたら
あとは冷凍庫で
冷やし固めるだけ!
いろいろな果物で作れるので
オリジナルの味を楽しんでみて。

材料(3〜4人分)

すいか …(正味)300g
レモン汁 … 小さじ1
シロップ
　水 … 大さじ3
　砂糖 … 大さじ1 1/2

1 シロップを作る

小さい耐熱容器に水と砂糖を入れ、ラップをしないで電子レンジに40秒かけ、砂糖を溶かす。

2 材料を保存袋に入れてもみつぶす

すいかは皮と種を除いて一口大に切る。密閉保存袋にすいか、❶、レモン汁を入れ、袋の上からもんでつぶす。

3 冷凍庫で冷やし固める

平らにして空気を抜き、保存袋の口を閉じる。バットにのせて冷凍庫で４時間ほど冷やし固める。

4 保存袋の上からもんでほぐす

固まったら保存袋の上からもんでほぐし、器に盛る。好みで練乳をかけてもおいしい。

アレンジ

コロコロすいかシャーベット

やさしい乳酸飲料のフレーバー

材料（3～4人分）

すいか …（正味）300ｇ
乳酸飲料（原液）… 50mℓ
レモン汁 … 小さじ１

1. 右記の作り方❷の要領で、密閉保存袋にすべての材料を入れてもんでつぶす。すいかの果肉が多少つぶれずに残ってもOK。
2. 製氷皿に流し入れ、冷凍庫で４時間ほど冷やし固める。

乳酸飲料は「カルピス」を使用。
＊「カルピス」はアサヒ飲料（株）の登録商標です。

アイス&ホットミルクセーキ

昔ながらの喫茶店メニューにもあるミルクセーキ。
ふんわりとなめらかな口当たりで、素朴でやさしい味わいです。
ホットでもアイスでもお好みで！
トッピングをプラスすればおやつタイムにぴったりのスイーツに。

材料（1人分）
卵黄 … 1個分
牛乳 … 150mℓ
砂糖 … 大さじ1
バニラエッセンス … 少々

① シェーカーに材料を入れる

卵黄は溶いておく（a）。シェーカーに牛乳、砂糖、溶いた卵黄、バニラエッセンスを入れる。

＊シェーカーは100円ショップでも購入可。水筒など、ふたのできる容器を使ってもOK。

② しっかり混ぜ合わせる

シェーカーのふたを閉め、泡立つまでふって混ぜる（b）。

③ アイスまたはホットで楽しむ

アイスにする場合は、氷を入れたグラスに注ぎ、好みでアイスクリームとチェリーをトッピングする。ホットにする場合は、小鍋に入れて弱火で温め、カップに注ぐ。好みでマシュマロをのせ、シナモンパウダーをふる。

ちょっぴりレトロな和のおやつ

白玉、あんみつ、水ようかん……。
懐かしい味のおやつでほっとひと息。
まさにおやつの原点です。

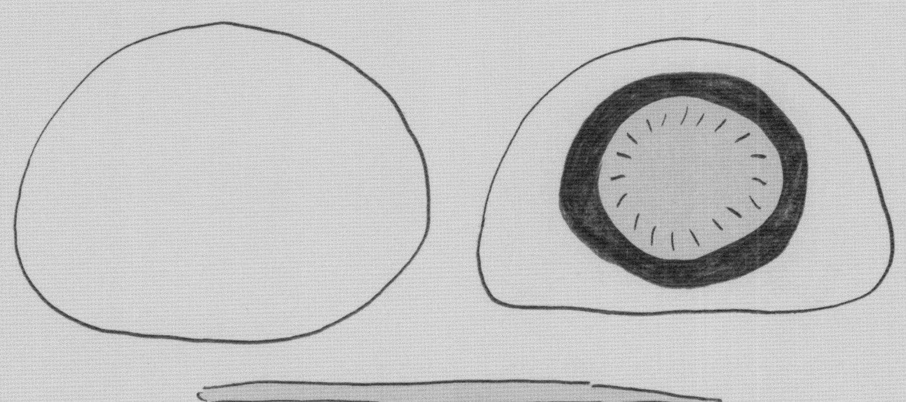

いちご水ようかん

水ようかんは材料4つで作れる超簡単おやつ。いちごを加えてキュートにアレンジしてみました。あんことといちごの甘酸っぱさがよく合います。寒天デザートは食物繊維豊富でヘルシーなのもお気に入り。

材料（16×11×高さ5㎝の容器1個分）
こしあん（市販品）… 300g
塩 … 一つまみ
粉寒天 … 3g
水 … 200㎖
いちご … 8個

アレンジ

さくら水ようかん

さくらあんでピンク色に

材料（容量620mℓの容器１個分）
さくらあん（市販品）… 300g
塩 … 一つまみ
粉寒天 … ３g
水 … 200mℓ

❶ 右記のこしあんをさくらあんに変えて、作り方❶、❷の要領で煮溶かす。

❷ 水でぬらした容器に流し入れ、冷蔵庫で１時間以上冷やし固め、食べやすく切り分ける。

1 粉寒天と水を煮溶かす

鍋に分量の水と粉寒天を入れ、泡立て器で混ぜてから強火にかける。絶えず混ぜながら加熱し、沸騰したら弱火にし、さらに２分加熱して煮溶かす。

必ずよく混ぜてから火にかけて

2 あんこを加えて煮溶かす

こしあんと塩を加え、混ぜながら１分ほど加熱して火を止め、そのままおいて粗熱をとる。

3 容器に流し入れて冷やし固める

容器を水でぬらして水気を軽くきり、❷のようかん液を流し入れる。ヘタを落としたいちごを、２列に４個ずつ、等間隔にそっと入れる。

4 冷やし固めて切り分ける

冷蔵庫で１時間以上冷やす。容器の上下を返してようかんをとり出し、食べやすい大きさに切り分ける。

いちごの断面が見えるように切り分けて

芋ようかん

秋の味覚のさつま芋。
そのおいしさをシンプルに
味わうおやつといえば
なんといっても芋ようかん。
さつま芋そのものの
やさしい甘さがうれしいですね。
アレンジの茶巾芋栗ようかんは
お正月にもおすすめ。

材料（15×15×高さ５㎝の容器１個分）
さつま芋 …（大）１本（300g）
塩 … 少々
寒天液
- 粉寒天 … ２g
- 水 … 100mℓ
- 砂糖 … 大さじ３

アレンジ

茶巾芋栗ようかん

栗の甘露煮を加えて

材料（6個分）
さつま芋 …（大）1本（300g）
塩 … 少々
寒天液
　粉寒天 … 2g
　水 … 100mℓ
　砂糖 … 大さじ3
栗の甘露煮 … 40g

❶ 右記の作り方❶〜❸の要領で、芋ようかんの生地を作る。

❷ 栗の甘露煮の汁気をきって細かく刻み、混ぜ入れる。6等分してラップに包み、茶巾に絞って室温に1時間ほどおいて固める。

❸ ラップを除いて器に盛り、好みで栗の甘露煮を半分に切って添える。

1 さつま芋をやわらかくゆでる

さつま芋は厚めに皮をむいて1cm厚さの輪切りにし、水に10分ほどさらして水気をきる。鍋に湯を沸かして塩を加え、充分やわらかくなるまでゆでる。

2 さつま芋をつぶして裏ごしする

❶の湯をきり、マッシャーなどでしっかりとつぶし、ザルで裏ごしする。

ザルで裏ごしして
なめらかに
仕上げて

3 寒天液を作って混ぜる

小鍋に寒天液の水と粉寒天を入れ、泡立て器でよく混ぜて火にかける。絶えず混ぜながら加熱し、煮立ったら砂糖を加えて溶かし、弱火にしてさらに1分加熱する。❷に少しずつ加え、なめらかになるまでヘラで混ぜる。

4 容器に流し入れて固める

15cm長さに切ったオーブンペーパーを容器に敷き、❸を入れて平らにする。ラップで表面を覆い、室温に1時間ほどおいて固める。とり出して、好みの大きさに切る。

寒天は
室温で固まるので
冷やさなくて
OK！

ぶどう大福

レンジで手軽に作れる
白玉粉のおやつ。
かわいい一口サイズの大福です。
中のフルーツを変えるだけで
バリエーションも楽しめます。
時間がたっても
固くなりにくいので
手土産にもおすすめです。

材料（8個分）
種なしぶどう（皮ごと食べられるもの）… 8粒
白あん（市販品）… 140g
生地
　白玉粉 … 100g
　砂糖 … 大さじ3
　水 … 120mℓ
片栗粉 … 適量

❶ ぶどうを白あんで包む

ぶどうはきれいに洗って水気をふく。白あんを８等分し、ぶどうを１粒ずつ包んで丸め、ぶどう玉を作る。

❷ 生地の材料を混ぜて レンジでチン！を３回

大きい耐熱ボウルに白玉粉と砂糖を入れて泡立て器で混ぜる。分量の水を少しずつ、混ぜながら加える。ふんわりとラップをし、電子レンジに１分30秒かける。水でぬらした木ベラで混ぜ、同様に１分10秒かけ、再び混ぜてさらに50秒かけて混ぜる。

生地をよく混ぜることでつやとコシが出る

❸ 熱いので気をつけて 生地を８等分に切り分ける

バットに片栗粉を広げ、❷の生地をとり出す。生地が熱いのでやけどに気をつけながら、上面にも片栗粉をふって生地を広げる。キッチンバサミで８等分に切り分ける。

❹ 温かいうちに 生地でぶどう玉を包む

生地が温かいうちに❶のぶどう玉を包む。生地を平らに広げて上面の片栗粉を払い、ぶどう玉をのせ、生地の周囲を引っ張るようにして包んでとめる。

生地が冷めると扱いにくいので手早く包む

アレンジ

栗大福

ぶどうを栗に変えて

材料（８個分）

栗の甘露煮 … ８粒
こしあん（市販品）… 140g
生地
　白玉粉 … 100g
　砂糖 … 大さじ３
　水 … 120mℓ
片栗粉 … 適量

❶ 栗は汁気をふく。こしあんを８等分し、栗を１粒ずつ包んで丸め、栗玉を作る。

❷ 右記の作り方❷〜❹の要領で生地を作って❶の栗玉を包む。

レモンシロップあんみつ

あんみつが大好きです。
寒天もあんこも
もちろんフルーツも大好物！
あんみつには
好きなものが詰まっています。
フルーツは断然缶詰を使うのが
お気に入り。シロップは
爽やかなレモン風味。

材料（2人分）

寒天液
- 粉寒天 … 2g
- 水 … 200mℓ
- 砂糖 … 小さじ2

レモンシロップ
- 砂糖 … 大さじ2
- 水 … 大さじ4
- レモン汁 … 小さじ1/2

好みのフルーツ（缶詰）… 100g
粒あん（市販品）… 60g

アレンジ

抹茶寒天あんみつ

ほろ苦い抹茶味が大人の味

材料（2人分）
抹茶 … 小さじ2
熱湯 … 大さじ1 1/2
寒天液
　粉寒天 … 2g
　水 … 200mℓ
　砂糖 … 大さじ1
シロップ
　砂糖 … 大さじ2
　水 … 大さじ4
粒あん（市販品）… 60g

1. 抹茶に分量の熱湯を少しずつ注いでよく混ぜる。
2. 右記の作り方❶、❷の要領で、粉寒天を煮溶かして砂糖と❶を加え、目の細かいザルでこしながら保存容器に入れて冷やし固める。
3. 耐熱ボウルにシロップの材料を入れ、電子レンジに1分かけて混ぜ、冷ます。
4. ❷を1.5cm角に切って器に盛り、❸をかけて粒あんを添える。

1 寒天はしっかり煮溶かす

小鍋に水と粉寒天を入れ、泡立て器でよく混ぜてから火にかける。絶えず混ぜながら、煮立ったら弱火にしてさらに2分ほど煮る。火を止めて砂糖を加えて混ぜ、よく溶かす。

2 保存容器で冷やし固める

ホーローなどの保存容器（15×15cm）を水でぬらして軽く水気をきり、❶を流し入れる。粗熱がとれたら冷蔵庫で冷やし固める。

3 レモンシロップを作る

耐熱ボウルにシロップの材料の砂糖と水を入れ、ラップをしないで電子レンジに1分かける。レモン汁を加えて混ぜ、冷ます。

4 寒天を角切りにして盛りつける

❷を1.5cm角に切り、好みのフルーツとともに器に盛る。❸をかけ、粒あんをのせる。

かぼちゃ白玉

小さいころから大好きで
よく1人で作った白玉だんご。
生地に豆腐を加えると
びっくりするくらい
やわらかです。
ほんのりオレンジ色がかわいい
かぼちゃ白玉にしてみました。
お月見だんごにもおすすめ！

材料（3〜4人分）

生地
- かぼちゃ … 100g（正味80g）
- 砂糖 … 小さじ1
- 白玉粉 … 100g
- 絹ごし豆腐 … 約1/2丁（150g）

粒あん（市販品）… 適量

❶ かぼちゃをレンジでチンして つぶす

かぼちゃは種とワタを除いて皮をむき、２㎝角に切る。耐熱ボウルに入れてふんわりとラップをし、電子レンジに２分かける。熱いうちにすりこ木などでつぶし、砂糖を加えて混ぜる。

❷ 白玉粉と豆腐を加えて混ぜる

かぼちゃの粗熱がとれたら白玉粉を加え、豆腐を様子を見ながら加えて耳たぶくらいのやわらかさになるまでこねる。

丸めたときに
ひび割れない
くらいの
やわらかさを
目安に

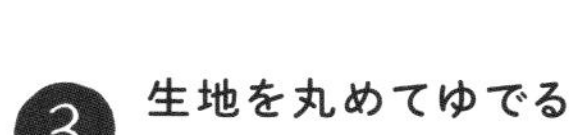

❸ 生地を丸めてゆでる

❷を３㎝大に丸め、鍋に湯を沸かしてゆでる。沈んでいたものが浮いてからさらに１分ゆでる。

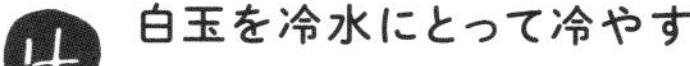

❹ 白玉を冷水にとって冷やす

網じゃくしで引き上げて氷水にとって冷やす。水気をきって器に盛り、粒あんを添える。

＊冷蔵庫で保存しても、翌日までやわらかい。

アレンジ

みたらしかぼちゃ白玉

甘辛いたれをたっぷりかけて

材料（３〜４人分）

生地
- かぼちゃ … 100g（正味80g）
- 砂糖 … 小さじ１
- 白玉粉 … 100g
- 絹ごし豆腐 … 約1/2丁（150g）

たれ
- 水 … 100mℓ
- 砂糖 … 大さじ３
- しょうゆ … 大さじ１ 1/2
- みりん、片栗粉 … 各大さじ１

❶ 右記の作り方❶〜❹の要領でかぼちゃ白玉を作り、器に盛る。

❷ 小鍋にたれの材料を入れ、よく混ぜてから火にかける。絶えず混ぜながら加熱し、しっかりとろみがついたら❶にかける。

黒糖わらびもち

いつでもストックしてある
片栗粉を使って
ぷるぷるモチモチの
わらびもちが作れます！
水を豆乳や牛乳に変えたり
トッピングを工夫したりと
いろいろなアレンジが
楽しめますよ。

材料（2〜3人分）

生地
- 片栗粉 … 50g
- 水 … 300mℓ
- 黒砂糖（粉末）… 40g

黒みつ（作りやすい分量）
- 黒砂糖 … 100g
- 水 … 100mℓ

きな粉 … 適量

アレンジ

豆乳もち

水を豆乳に変えて

材料（2～3人分）

生地
- 片栗粉 … 50g
- 豆乳（成分無調整）… 300mℓ
- 砂糖 … 40g

右記の黒みつ … 適量
すり白ごま … 適量

1. 右記の作り方❷の要領で、黒糖わらびもちの材料の水を豆乳に、黒砂糖を砂糖に変えて加熱する。しっかりとろみがついたら弱火にし、さらに1分ほど混ぜながら加熱する。
2. ホーローなどの保存容器（15×15cm）を水でぬらし、軽く水気をきって流し入れ、底を氷水につけて冷ます。固まったら一口大に切って器に盛り、黒みつとすり白ごまをかける。

1 黒みつを作って冷ます

小鍋に黒みつの材料を入れて火にかけ、混ぜながら黒砂糖を溶かす。煮立ったらアクを除き、弱火でとろみがつくまで10分煮る。火を止め、冷めるまでおく。

2 生地の材料を混ぜてから火にかけて混ぜる

別の鍋に片栗粉、水、黒砂糖を入れ、泡立て器でよく混ぜてから火にかける。木ベラで絶えず混ぜながら加熱する。

3 とろみがつき、透明感が出たら火を止める

木ベラで鍋底に一文字が描けるくらいとろみがつき、透明感が出てきたら火を止める。さらに1分ほど混ぜ続ける。

4 氷水に落とし入れて冷やし固める

ボウルに氷水をはり、スプーン2本を使って生地を一口大にすくって落とし入れる。そのまま冷まし、固まったらザルに上げて水気をきり、器に盛る。❶をかけ、きな粉をふる。

きな粉棒

駄菓子屋さんの
あの懐かしい味が
うちでも簡単に作れるんです。
材料はきな粉とはちみつの
たった2つだけ!
やわらかな食感とやさしい甘さの
どこかほっとする
素朴なおやつです。

材料(16本分)

生地
- はちみつ … 70g
- きな粉 … 60g

きな粉(仕上げ用)… 適量

アレンジ

抹茶きな粉玉

ごまを加えて香ばしく

材料（22個分）

生地
- はちみつ … 70g
- きな粉 … 60g

炒り白ごま … 大さじ１

抹茶（仕上げ用）… 適量

1. 右記の作り方❶、❷の要領で、きな粉とともに炒り白ごまを加えて生地を作る。
2. 半分に分け、それぞれ直径２cmほどの棒状にのばし、１cm幅に切る。バットに抹茶を広げ、まぶして仕上げる。

1 はちみつときな粉を混ぜる

小鍋にはちみつを入れて火にかけ、ふつふつと沸騰してきたら火を止める。きな粉を加え、粉っぽさがなくなって、全体がひとまとまりになるまでスプーンなどでよく混ぜる。

はちみつを軽く沸騰させると混ぜやすくなる

2 オーブンペーパーの上でひとつにまとめる

オーブンペーパーの上にとり出し、さわれるくらいの温度になったら手でひとまとめにする。

3 生地を棒状にのばす

❷を半分に分け、それぞれ手で転がして直径１cmほどの棒状にのばし、４cm長さに切る。

オーブンペーパーを敷くと生地がはりつかず作業しやすい

4 全体にきな粉をまぶしつける

バットに仕上げ用のきな粉を広げ、❸を入れてまぶしつける。１本ずつ串に刺す。

もち入りぜんざい

甘さを好みで調節できるのがうれしい自家製ぜんざい。少々時間はかかっても作り方は簡単！甘いぜんざいには口直しにもなる塩昆布のトッピングがおすすめです。焼いたもちを入れてどうぞ！

材料（作りやすい分量・5～6人分）
あずき … 250g
砂糖 … 150～200g
塩 … 少々
丸もち … 5～6個
塩昆布 … 適量

① あずきをゆでこぼす

あずきはさっと水洗いする。厚手の大鍋にあずきとたっぷりの水を入れて強火にかけ、沸騰したらザルに上げて湯をきる。これをもう一度くり返す。

② 水を足しながらあずきをゆでる

鍋をきれいにし、❶と水１ℓを入れて強火にかけ、沸騰したら弱火にする。アクを除き、あずきが水面から出ないように、かぶるくらいに水を足しながら、指でつまんで簡単につぶれるくらいやわらかくなるまで、１時間ほどゆでる。

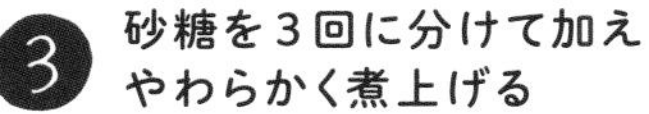

③ 砂糖を３回に分けて加え やわらかく煮上げる

砂糖を一度に加えると、あずきが固く締まってしまうので、３回に分けて入れ、砂糖が溶けたら次の砂糖を加える。続けて塩も加えてひと煮する。水分が多いようなら、好みの加減に煮つめる。

④ もちを焼いて盛り合わせる

あずきが煮上がったら器に盛り、オーブントースターで焼いたもちを入れ、塩昆布をのせる。

アレンジ

あんバタートースト

相性のよいバター、アイスをプラス

材料（１人分）

右記のぜんざい（汁気をきったもの）… 70g
食パン（４枚切り）… １枚
バター … 10g
バニラアイスクリーム … 適量

❶ ぜんざいをスプーンで軽くつぶす。

❷ 食パンは片面に縦横２本ずつ切り込みを入れ、バターをちぎってのせ、オーブントースターで色よく焼く。❶、アイスの順にのせる。

私とおやつの話

いつも応援してくださるみなさんに、そして今回、はじめまして！ のみなさんに、私とおやつのことを、少しお話しさせていただきます。お菓子を作る時間は何よりも楽しいもの。この楽しさが、少しでも伝わることを願って。

起きている時間の大半をキッチンで過ごします。作りすぎて食べきれないので、友人にもらってもらいます。

試作の度にレシピノートを更新していきます。汚い走り書きで恥ずかしいから、人には見せられません。

とにもかくにもお菓子作りが好きです

小さいころからずっと、お菓子作りが大好きです。自分の手の中から素敵なお菓子が生まれることに達成感を味わえたり、それによって自己肯定できたりするからです。仕事が忙しいときほど、無性にお菓子を作りたくなります。ある意味現実逃避のような？ テスト前に掃除がしたくなるのと同じですね。もっというと、熱が出て仕事を休んだときなど、お菓子作りの時間ができたと思うくらい。お菓子作りは私にとって癒しのようなものなのです。

ベイクドチーズケーキ

子どものころは、ケーキ屋さんで見たチーズケーキの上にぬられたあんずジャムがピカピカ光ってキレイで、こんなケーキを作りたいと思ったものです。

懐かしい赤と緑の棒寒天。私のおやつ作りは、おばあちゃんと一緒に作った、このあんみつの材料たちと始まったのかも。

材料（直径15cmの底が抜ける丸型１台分）

生地

- クリームチーズ … 200g
- 砂糖 … 70g
- 卵 … ２個
- 薄力粉 … 大さじ３
- 生クリーム … 200mℓ
- レモン汁 … 大さじ２

底生地

- ビスケット … 70g
- バター … 30g

下準備

・クリームチーズは室温におく。
・型の側面と底にオーブンシートを敷く。
・オーブンを170℃に予熱する。
・バターは電子レンジに30秒ほどかけて溶かす。

1. 底生地を作る。ポリ袋にビスケットを入れ、めん棒などでたたいて細かく砕く。溶かしバターを加えてよく混ぜ、型の底に敷きつめる。
2. 生地を作る。ボウルにクリームチーズを入れて泡立て器でなめらかにし、砂糖、卵の順に加えてそのつどよく混ぜる。さらに薄力粉をふるい入れて混ぜ、生クリーム、レモン汁の順に加えてそのつどよく混ぜる。
3. 型に流し入れ、オーブンで40〜50分焼く。型ごと網にのせて粗熱をとり、好みで電子レンジで温めたあんずジャム適量を上面にぬる。ラップをかけて冷蔵庫で一晩冷やす。

やっぱり専門店のあんみつは寒天が違いますね。私はシンプルなあんみつが一番好き。東京駅地下街ではイートインしたり、テイクアウトしたりしています。

世界一好きな食べものは〝あんみつ〟です

子どものころ、周囲にはスーパーもない祖母の家によく遊びに行きました。〝食べたいものは自分で作る〟が当たり前の暮らしで、一緒に白玉だんごやおはぎ、よもぎを摘んでよもぎもちを作ったり。おやつ作りが遊びで、その時間が大好きでした。祖母はとても料理上手でしたが、なぜかゼリーと呼んでいた寒天だけはめちゃくちゃ甘く作るので、それだけはちょっと苦手でした。しかし、私が風邪をひくと、いつも父があんみつを買ってきてくれて、いつの間にかあんみつが一番好きな食べものになりました。仕事で上京すると、必ず東京駅地下街であんみつ屋さんに寄るんですよ。

人生で一番作ったのはチーズケーキです

昔、うちの冷蔵庫の上に置いてあった、古い切り抜き。スフレチーズケーキレシピの一番好きなケーキです。チーズケーキは母が一番好きなケーキです。私が小学生のある日、材料1gの誤差もなくレシピ通りに作ってみたら、びっくりするほど上手にできて、家族にほめられました。それがうれしくてうれしくて。それから頻繁に作り、いろ

レシピノートを書きながら、頭の中を整理して、アレンジメニューもあれこれ考えます。でも、実は、このノートを見返すことはほとんどないんです。

病気が回復し始めて退院した私は、お菓子作りを始めました。マフィンやチーズケーキなど、母が毎日病院の売店に届けてくれました。

今では55冊以上にもなった10年分のレシピノート。

んな人に配ったものです。私が今までに一番作ったお菓子は、間違いなくチーズケーキでしょう。ところがやがて、作るのは好きでも、食べるのが苦手になっていきました。気がつくと重度の拒食症に。いつの間にか、食べられないことを、作ることで消化するようになっていました。

拒食症から救ってくれたもの、それは〝マフィン〟

23歳で23kg。いつ死んでもおかしくない状態でしたが、信頼できる先生に出会い、たくさんの人に支えられ、私は生かされました。一生懸命に寄り添ってくれる母のためにも何かしなければと、焦る気持ちでいっぱいでした。生きるしかないのなら、このままではいられない。でも歩けない、話せない、髪が抜けて人に会うこともできない。考えて考えて考えた先にあったのは〝お菓子を作る〟ことでした。食べられない自分が作るのはおかしいかもしれませんが、それしかできることが思いつかなかったのです。そんなとき、病院の売店のおばちゃんが「売店にお菓子を置いてみない？」と提案してくれたのです。夢のような、奇跡のようなことでした。販売初日、午前中にマフィンが売り切れたとの連絡。担当だった先生が全部買い、看護師さん

名古屋にある器屋さんのマルミツポテリの東京店「DISHES」は、出張で上京した際、時間があるときに立ち寄るのを楽しみにしているお店です。新作を見ると、ついついあれもこれも欲しくなります。

SNSの投稿がきっかけで、器集めが趣味になりました。見た瞬間にビビッときた一枚。この器に出会わなければ、今の私はなかったかも？

DISHES
東京都渋谷区富ヶ谷１-17-５
Tel 03-5465-1771
https://www.marumitsu.jp/m_a_d/

たちに配ってくれたと、あとで知りました。マフィンと人のやさしさが、私に生きる希望をくれたのです。

小さなカフェをやりました

病気が少しずつ回復する中、母の友人が「ミィちゃん、カフェをやってみたら？」と。できるかどうかは考えずにやると決めて、その運営を数年間続けました。その時間はまるでリハビリのようで、人とまともに話せなかった私が、少しずつお客さんと話せるようになり、社会に戻って来られたようでした。カフェではケーキを作ったり、ランチのデザートも作っていました。

新しい世界を見せてくれた投稿アプリ

長年病気で家族に迷惑をかけてきたので、もっと何かをしなければと考えていたとき、幼馴染みに〝アプリ〟を教えてもらいました。検索したのはもちろん料理アプリ。いろんな料理の写真やレシピが投稿されていて、毎日ランキングが更新されます。私はここで1番になったら何かが開けるような気がしました。見よう見まねで投稿したシフォンケーキにたくさんの〝いいね！〟をいただき、ここで頑張ろうと決めたのでした。

試作は……

ある日の試作はバナナオムレット。スポンジが厚めで、ちゃんと巻ききれずに失敗！

材料の配合を変えて、やっとうまく行きました。

スポンジの味、巻き方を変えてアレンジします。

インスタやブログに写真をアップするのが日課です。盛りつける器を何度も変えてみて、悩みながらアップしています。

盛りつけは……

器によって印象が変わるので、いろいろ盛りかえてみます。どちらがおいしそうに見えるかな？

この器があればきっと大丈夫！

私は本来目標があれば全力で走るタイプ。目標を見つけたことで、頭の中がそれでいっぱいになり、病気はどんどんよくなっていきました。折しも料理界はカフェブーム。おしゃれなスタイリングも人気を集めていました。そこで私もスタイリングに興味を持ち、ネットで器を探していたところ、運命の一枚に出会ったのです。「あ、これだ！」と、なんの迷いもなく買ったその器こそが幸運の女神、最高の相棒となり、今でも大切にしています。

必死になって SNSの投稿を続ける日々

目標に向かって走るのは楽しいことですが、ときには苦しく感じることもあります。どんなものを作り、どんな風に盛りつけ、どんな風に撮影するべきか、試行錯誤の毎日です。一日も欠かすことなく、全力で取り組んだ結果、お気に入りの器で、本当に一番になることができました。

〝本を作りたい〟が次の目標に

「本当に一番になれた……」。ある種の虚無感と同時に大きな夢が舞い降りました。「料理本を作りたい」。

オーブンでしか作れないと思っていたマフィンも、試作を重ねてトースターで納得のいく味に。

2022年料理レシピ本大賞準大賞でいただいた賞状。

いちごマフィン

材料（直径７㎝のマフィン型５個分）

生地
- 卵 … １個
- 砂糖 … 大さじ２
- 牛乳 … 60mℓ
- サラダ油 … 60g
- ホットケーキミックス … 150g
- 板チョコレート（ホワイト） … １枚（45g）

いちご … ６個
サラダ油 … 適量

下準備
- 型に薄くサラダ油をぬる。
- チョコレートは細かく割る。
- いちごは縦半分に切る。

1. ボウルに生地の材料の卵、砂糖、牛乳、サラダ油を入れて泡立て器でよく混ぜる。ホットケーキミックスも加えて混ぜ、粉っぽさが残っているうちにチョコレートも加えて混ぜる。
2. 型に等分に流し入れ、いちごを等分にのせる。
3. オーブントースターで20〜25分焼く。途中５分くらいして焼き色がついてきたらアルミ箔をかぶせる。竹串を刺して、べったりとした生地がついてこなければ焼き上がり。網にのせて粗熱をとり、型からはずす。

ブログ、インスタなどのSNS、出版などを評価してくださったフーディストアワード2022総合グランプリの表彰式で。

もしそんなことができたら、両親がとても喜ぶだろうと思ったのです。出版社に見つけてもらうためにブログを始め、半年ほどでその夢が叶いました。今思い返しても奇跡としか思えないような出来事で、本当にたくさんの方に支えられ、自分一人では到底できなかったことが現実となりました。あれから数年で10冊以上本を作り、第９回料理レシピ本大賞料理部門準大賞をいただくこともできました。実は、ここで大賞をとることが最後の目標でした。しかし私は準大賞、つまり２番だったのです。小さいころから１番になりたくて、１番でなければ意味がないと思っていました。でも、うれしかった。なんでも必死になり、そうでなければならないと思って生きてきて、こんなにうれしい２番は初めてでした。

いつも普通でありたい

極端な自分とは正反対な私の料理。どこまでも普通でありたくて、いつまでもそうでありたいと思っています。祖母に教わったぜんざい、母と楽しんだホットケーキ、初めて一人で作ったチーズケーキ……、どれも特別ではないけれど、その思い出はどれも幸せなものです。これからも忙しくなる度に、無性に作りたくなるのでしょう。

デザイン　三上祥子（Vaa）
撮影　公文美和、Mizuki
スタイリング　曲田有子、Mizuki
イラスト　大塚文香
校正　新居智子、根津桂子
編集協力　坂本千尋
撮影協力　株式会社 マルミツポテリ

Mizuki　林 瑞季（はやし みずき）

料理研究家、スイーツコンシェルジュ。和歌山県在住。「簡単・時短・節約」をコンセプトに、身近な食材で誰でも失敗なく作れるレシピを毎日ブログでアップし、月間300万PVを誇る人気料理ブロガーとなる。2016〜2018年に３年連続でレシピブログアワード総合グランプリを受賞、殿堂入りに。2022年第９回料理レシピ本大賞料理部門準大賞受賞、フーディストアワード2022総合グランプリを受賞。Instagramのフォロワー106万人（2023年１月現在）。企業のレシピ開発、雑誌、TV、Webメディアなどで活動中。

Instagram
mizuki_31cafe

Instagram

Ameba
「Mizuki オフィシャルブログ
♡奇跡のキッチン♡」
https://ameblo.jp/mizuki31cafe/

Ameba

LINE ブログ
「Mizuki オフィシャルブログ
♡奇跡のキッチン♡」
https://lineblog.me/mizuki_official/

LINEブログ

Mizukiのカンタン手作り
３時のおやつ

2023年2月28日　初版発行

著者　Mizuki
発行者　三宅 明
発行　株式会社毎日が発見
〒102-8077
東京都千代田区五番町3-1　五番町グランドビル2階
電話　03-3238-5473（内容問い合わせ）
https://mainichigahakken.net/

発売　株式会社KADOKAWA
〒102-8177
東京都千代田区富士見2-13-3
電話　0570-002-008（購入・交換窓口）

印刷・製本　凸版印刷株式会社

定価はカバーに表示してあります。

ISBN978-4-04-000707-6　C0077